STADTFÜHRER FREIBERG

Sehenswürdiges, Wissenswertes, Unterhaltsames

Impressum

Verlag
Edition Lerchl, Meißen

Autor
Dr. Werner Lauterbach

Gestaltung
Procom Werbeagentur, Meißen

Gesamtherstellung
Meissner Druckhaus AG, Meißen

ISBN 3-932460-01-4

Dr. Werner Lauterbach

STADTFÜHRER FREIBERG

MIT STADTPLAN

Sehenswürdiges, Wissenswertes,
Unterhaltsames

EDITION
LERCHL

Freiberg im Luftbild

1 Untermarkt
2 Stadt- und Bergbaumuseum
3 Kirche St. Nikolai
4 Dom St. Marien
5 Rathaus
6 Obermarkt
7 Kornhaus
8 Kirche St. Petri
9 A. G. Werner Bau
10 Gymnasium „Geschwister Scholl“
11 Oberbergamt
12 Silbermannhaus
13 Schloßplatz
14 Schloß Freudenstein
15 Kreuzteiche

INHALT

Parade der Historischen Freiberger Berg- und Hüttenknappschaft e. V. auf dem Obermarkt

WILLKOMMEN IN DER UNIVERSITÄTSSTADT FREIBERG

Ein Spaziergang durch die Gassen und Straßen des historischen Freiberger Stadtkerns gleicht dem Blättern in einem Geschichtsbuch. In Freiberg wurde sächsische, deutsche und internationale Kultur- und Wissenschaftsgeschichte geschrieben.

Noch heute erfreuen wir uns an den Schöpfungen der Meister der Bauhütten der Spätgotik, der Romanik, der Renaissance und des Barock. Ihre Werke haben die Zeiten überdauert. Einmalig kündet die Goldene Pforte vom Glauben und Können eines hier wirksam gewordenen Baumeisters und bewundern die filigrane Arbeit der Tulpenkanzel. Im Dom von St. Marien werden Harmonie des Baustils mit dem das Kirchenschiff füllendem Klang der Silbermannorgel zum unvergeßlichen Erlebnis.

Bergbau und Hüttenwesen haben in acht Jahrhunderten das Anlitz der Stadt und ihrer Umgebung geprägt. Freiberger Silber verhalf den Wettinern in Dresden zu Ansehen und kulturellem Reichtum des Landes. Mit der Erhebung der Bergakademie Freiberg in den Status einer Technischen Universität wurden die wissenschaftlichen und technischen Leistungen ihrer Professoren anerkannt. Die Tradition der 1765 gegründeten ersten Bergakademie der Welt ist von großer Bedeutung: Freiberg wurde durch Abraham Gottlob Werner zur Geburtsstätte der Geowissenschaften! Hier füllten die Professoren Reich, Richter und Winkler mit der Entdeckung der Elemente Indium und Germanium damalige Leerstellen im Periodischen System der Elemente aus. Freiberger Wissenschaftler erarbeiteten neue Technologien in ihren Fachbereichen und schufen neue Wissenschaftszweige.

Erleben Sie die Schönheit unserer Landschaft am Fuße des Osterzgebirges und die vom Fleiß unserer Vorfahren geschaffenen und bis heute bewahrten technischen Denkmale in ihrer Vielfalt und Wirksamkeit.

Der alte Bergmannsgruß Glückauf beinhaltete den Wunsch des Bergmanns, das Glück solle ihm die Pforten zu den Erzgängen öffnen und ihn an reicher Ausbeute fündig werden lassen. So wünschen auch wir Ihnen, daß Sie fündig werden an Erlebnissen und Eindrücken in unserer über acht Jahrhunderte zählenden Berghauptstadt der Erzgebirges.

Blumen auf dem Obermarkt

UNTERWEGS IN DEN STRASSEN UM DEN OBERMARKT

Beginnen wir unseren Spaziergang durch Freiberg auf dem Obermarkt, dem politischen Zentrum der Stadt. Hier wurden als Gäste Kurfürsten, Könige, Kaiser, Kanzler und Ministerpräsidenten begrüßt, marschierten Bergparaden zu Festveranstaltungen auf, wehten Fahnen verschiedener Staatsformen der sächsischen Geschichte zu politischen Kundgebungen und demonstrierten auch Freiberger Bürger im Herbst 1989 für eine Veränderung der damaligen politischen Verhältnisse.

Der Obermarkt gehört mit zu den schönsten Plätzen in unseren deutschen Landen. Er weist geschlossene Fronten von drei- und viergeschossigen Bürgerhäusern aus dem 15. bis 16. Jahrhundert auf, die nach dem großen Stadtbrand von 1484 errichtet wurden. Die teilweise überhöhten Satteldächer verleihen ihm sein charakteristisches Aussehen. Auf den mehrfachen Bodenetagen lagerten die Kaufleute ihre Waren. Ausdruck ihres Wohlstandes sind die Fassaden und Rundbogenportale ihrer Häuser. Das Rathaus, der Ratskeller und die Apotheke ordnen sich ein in das Ensemble der ältesten Bürgerhäuser der Stadt.

Der Obermarkt entstand mit der Herausbildung der Oberstadt ab Mitte der 80er Jahre des 12. Jahrhunderts. Durch dendrologische Untersuchungen aufgefundener Holzstraßenabschnitte in benachbarten Straßenabschnitten konnten neue Datierungen zur Besiedlung am Obermarkt vorgenommen werden. Als Gründungsakt der Stadt kann der Zusammenschluß der damaligen Wohnsiedlungen, also der vermutlich aus Christiansdorf hervorgegangenen Sächsstadt, des Nikolaiviertels und des Burglehns mit der gewachsenen Oberstadt zu einer Verwaltungseinheit gesehen werden. Der vor allem in der Oberstadt planmäßig entstandene Stadtgrundriß ist heute im wesentlichen erhalten und vermittelt dem Besucher den Eindruck einer mittelalterlichen Stadtanlage.

Bereits 1259 wird der Markt im Urkundenbuch der Stadt als »forum« genannt, dessen »Dünger der Markgraf dem Johannishospital« schenkt. Nach dem Stadtbrand von 1484 rückte durch Neubau die ursprüngliche Häuserrreihe gegenüber dem Rathaus etwa von der Fluchtlinie Korngasse – Nonnengasse auf die heutige Begrenzung der Häuserfront vor und verringerte die Größe auf 114 x 70 m.

Marktbrunnen und Denkmal Otto der Reiche

Schaut der Besucher über den Obermarkt, so fällt sein Blick auf das beeindruckende Brunnendenkmal. Wuchtig trohnt die Bronzestatue des Markgrafen von Meißen, Otto von Wettin, überlebensgroß in Ritterkleidung und Sturmhaube auf dem Brunnensockel. In der rechten Hand hält er in einer Rolle die fiktive Urkunde mit den städtischen Freiheiten, seine Linke greift zum Schwert, um das Geschaffene zu bewahren und zu verteidigen. Vier wasserspeiende Löwen mit je zwei alten Freiberger und Meißner Wappen zwischen den Vorderpfoten flankieren ihn und gestalten damit das Standbild zu einer harmonischen Einheit. Die Einweihung des von G. Gröne (Dresden) geschaffenen Denkmals erfolgte am 6. Juli 1897 in Anwesenheit von König Albert und Prinz Georg.

Markgraf Otto – Denkmal

Generationen von Freiberger Studenten haben in der Vergangenheit nach nächtlichen Zechtouren mit einem unerlaubten Löwenritt die Polizei verschiedener politischer Systeme zur Verfolgung und Abstrafung herausgefordert.

Markgraf Otto der Reiche (zwischen 1116/19-1190)

In den ersten Jahren seiner Regierungszeit (1156-1190) rief Markgraf Otto siedlungswillige Bauernsöhne aus Franken, Thüringen und Niedersachsen in sein Land und ließ auf eigene Kosten im Urwald des Miriquidi »auf wilder Wurzel« Waldhufendörfer errichten. 1162 stiftete er das Zisterzienserkloster Cella Sanctae Mariae bei Nossen als Erbbegräbnisstätte für seine Familie und stattete es mit 800 Hufen Land aus. Als 1168 Silbererze am Osthang des Münzbachtales in Christiansdorf entdeckt wurden, erwarb der Markgraf vom Kaiser Friedrich I. Barbarossa das Bergregal, tauschte die silberführenden Fluren vom Kloster zurück und bot Bergleuten aus Goslar Wohnsitz und Arbeit »am freien Berg«. Durch dieses »Berggeschrei« wurde der Silberfundort im Lande bekannt. Die reiche Silberausbeute brachte Markgraf Otto den Beinamen »der Reiche« ein, so nannten ihn die Altzeller Annalen im 14. Jahrhundert »princeps permaximus ditatus« (also den Fürsten, der in außerordentlichem Maße reich wurde). Mit den aus dem Harz zugewanderten Sachsen entstand die Sächsstadt und das Viertel der Bergleute am Donatsturm. Dies war die Keimzelle der Stadt Freiberg. Unter Otto und seinen Nachfolgern vergrößerte sich die Siedlung. Der Bau einer Burg diente der militärischen Sicherung der Einkünfte des Landesherrn. Im Burglehn entstand die Marienkirche mit der Goldenen Pforte und der Triumphkreuzgruppe. Handwerker und Kaufleute siedelten sich in den engen Gassen um die Nikolaikirche an. Ottos Sohn Dietrich vergrößerte die Oberstadt weiterhin mit Markt und Petrikirche. Ein heute noch vorhandenes Straßennetz bildete sich heraus. Eine feste Stadtmauer mit fünf Toren umgab die aufblühende Stadt. Mit der Bildung einer gemeinsamen Verwaltungseinheit aller Stadtviertel begann die Entwicklung zur größten und reichsten Stadt der Markgrafschaft Meißen.

Das Freiberger Wappen über der Rathaustür

Das Rathaus

Seit seinem Neubau in den Jahren 1410 bis 1416 nimmt das Rathaus im spätgotischen Stil die Hälfte einer Seite des Obermarktes ein. Es entstand auf den Grundmauern eines romanischen Vorbaues und wurde bei mehreren Stadtbränden schwer in Mitleidenschaft gezogen. Der Rathausturm, nach dem Brand von 1471 neu erbaut, hat seit 1618 seine heutige Höhe. Im Mittelalter trug er eine von Bürgermeister Ulrich Rülein von Calw konstruierte Sonnenuhr. In der Mitte des 19. Jahrhunderts wurde das Ziegeldach des Rathauses um 8 Meter abgeflacht. Der letzte Umbau erfolgte 1919. Seit der 800-Jahrfeier im Jahre 1986 spielt täglich um 11.15 und 16.15 Uhr ein Glockenspiel aus Meißner Porzellan das Bergmannslied »Glück auf, der Steiger kommt«.

Über der Rathaustür von 1775 befindet sich ein Stadtwappen aus dem Jahre 1510. Schon das älteste Siegel von 1227 zeigt die Umschrift: SIGILLVM BVRGENSIVM IN VRIBERCH (d.h. Siegel der Bürger in Freiberg). Es zeigt eine gezinnte Mauer mit drei gezinnten Türmen und einem offenen Tor, in dem ein geteilter Schild rechts den meißnischen Löwen und links den Landsberger Pfahl enthält. Die Türme tragen Hauben mit Knöpfen. Mauern, Türme und Tore waren Sinnbild der Stadtwerdung und Stadtverfassung. Um 1500 ging aus dem Siegel das Stadtwappen hervor: Ein schwarzer Löwe auf goldenem Schild vor der Stadtmauer mit Türmen und Tor und Fähnchen auf den Turmspitzen. So wurden schwarz und gelb zu Freibergs Stadtfarben.

In der Vergangenheit wies das Gebäude im Erdgeschoß links die Ratswaage und die Brotbänke auf, rechts vom Eingang die Gerichtsstube und die Salzbänke.

Das Obergeschoß besitzt noch heute eine repäsentative Ratsdiele und einen Rathaussaal. Hier feierte 1512 Herzog Heinrich der Fromme seine prunkvolle Hochzeit mit Katharina von Mecklenburg. Die Fürstengalerie zeigt Gemälde von Johann Georg II. bis Friedrich August II. Damit besitzt Freibergs Rathaus einen eigenen kleinen »Kurfürstenzug«.

Lorenzkapelle im Rathaus

In der Lorenzkapelle im Rathausturm, 1514 geweiht, verziert mit Wandmalerei und einem schönen Sterngewölbe, wurden bis zur Reformation Messen gelesen.

Die einstige Ratsstube ist heute das Sitzungszimmer der Stadtverordneten, früher war sie die Gerichtsstube. Besucher bewundern das frühbarocke Portal aus dem 17. Jahrhundert und die kunstvolle Schmiedearbeit der eisernen Tür. Hier im Rathaus übergab am 7. Mai 1945 Oberbürgermeister Dr. Werner Hartenstein im Einverständnis mit dem Standortältesten der deutschen Wehrmacht, Oberstleutnant Carl Redlich, Freiberg kampflos der Roten Armee und bewahrte damit die Stadt vor sinnloser Zerstörung.

Sehenswert ist auch das Ratsarchiv. Seit 1632 werden hier in 96 Kammerkästchen die wertvollsten Urkunden und in Regalen die Amtsbücher der Stadt aufbewahrt. Die älteste Urkunde stammt aus dem Jahre 1224. Bei den wertvollen Originalen handelt es sich um »päpstliche Bullen, kaiserliche, kurfürstliche, markgräfliche, städtische und geistliche Urkunden... der Stadt, deren Kirchen, Klöster, Hospitäler«.

Rechts neben der Rathaustür sieht man ein altes Wahrzeichen der Stadt, das wandernde Handwerksburschen kennen mußten: drei Kreuze, zwei davon noch mit Silbererz ausgelegt. Wer dieses Zeichen nicht kannte, war nie in Freiberg gewesen.

Von ursprünglich zwei Erkern an der Längsseite des Rathauses ist nach Umbauten nur der ältere erhaltenen geblieben. Steinmetz Andreas Lorentz hat ihn 1578 auf mächtigen Kragsteinen in den Bau eingefügt. Er ist mit den Wappen von Freiberg

und Kursachsen, von Dänemark, Thüringen und der Mark Meißen geschmückt. Der gespaltene Schild mit den gekreuzten Schwertern galt für das Erzmarschallamt des Kurfürsten, das Rautenwappen galt für das Herzogtum. Der steinerne Gaffkopf mit Knebelbart und Sturmhaube wird im Volksmund als der Kopf des Ritters Kunz von Kauffungen bezeichnet, der auf einen östlich vom Brunnenrand liegenden schwarzen Stein, den Ort seiner Hinrichtung, schaut.
In den Kerkerzellen wurde auch der Räuber Lips Tullian (1673-1715) von September 1710 bis November 1711) gefangen gehalten, bevor er in Dresden hingerichtet wurde. Bei der Besichtigung der Kellerräume gewinnt der Besucher auch einen Einblick in das mittelalterliche System der unterirdischen Abwasserläufe, genannt Anzüchte.

Gaffkopf am Erker des Rathauses

SAGE UND GESCHICHTE

Kunz von Kauffungen
Die Historie um den Ritter Kunz von Kauffungen gehört seit Jahrhunderten zu den sagenumwobenen Ereignissen sächsischer Geschichte. Am 14. Juli 1455 wurde er auf dem hiesigen Obermarkt wegen der Entführung der Prinzen Ernst und Albrecht hingerichtet.

Ritter Kunz von Kauffungen hatte jahrelang als »freier Ritter« im Dienste des sächsischen Kurfürsten Friedrich II., genannt der Sanftmütige, gestanden und ihm in Kriegszeiten mit dem Schwert treu gedient. Im Bruderkrieg des Kurfürsten gegen Herzog Wilhelm war Kunz in Gefangenschaft geraten. Seine Familie kaufte ihn unter Verlust eigener Güter frei und Kunz forderte nach Kriegsschluß Ersatz dafür. Gerichtliche Entscheidungen erbrachten keine Lösung. So schritt Kunz zur ungewöhnlichen Selbsthilfe. Mit Hilfe treuer Helfer drang er, begünstigt durch die Abwesenheit des Kurfürsten, in der Nacht vom 7. zum 8. Juli 1455 in das Schloß Altenburg ein. Dabei kam ihm genaue Ortskenntnis zugute, denn 1443 hatte er als »Voit und Amptmann« auf dem Schloße Dienst getan. Die benötigten Strick- und Lederleitern hatten seine Helfer angefertigt, Originalteile sind noch in der Eingangshalle unseres Rathauses zu sehen. Zwar gelang der Raub der beiden Prinzen Ernst und Albrecht, aber auf der Flucht nach Böhmen wurde Kunz mit Albrecht in der Nähe des Klosters Grünhain gefangen und Ernst erhielt daraufhin von seinen Entführern die Freiheit wieder.

Im Freiberger Stadtrecht von 1294 besaß der Rat das Privileg der Rechtssprechung bei Vergehen gegen den Kurfürsten. So saßen nun 12 Bürger statt adlige Ritter über Kunz zu Gericht und verurteilten ihn wegen Landesfriedensbruch und Kindesraub zum Tode. In den heute noch zu besichtigenden unterirdischen Kerkerzellen des Rathauses verbrachte Kunz seine letzte Nacht in Dunkelheit und Feuchtigkeit. Anderntags fiel sein Kopf. Ein schwarzer Stein kennzeichnet die Stelle der Hinrichtung.

1485 erfolgte unter Ernst und Albrecht die Teilung des Wettinerlandes. Ernst erhielt mit der Kurwürde Thüringen und Wittenberg, Herzog Albrecht erwählte das Meißner Land.

Schönlebehaus

Der Giebelseite des Rathauses gegenüber steht das Haus Obermarkt 1, ein Gebäude im spätgotischen Baustil, 1625 grundlegend umgebaut. Seit der 1975 erfolgten Rekonstruierung nach alten Unterlagen erregt das schmuckreiche Portal wieder Bewunderung. Zwei steinerne Löwen flankieren die Tür und neben dem Wappen der Familie Schönlebe paradieren zwei Bergleute mit einem Erztrog auf den Schultern. Das mit dem dreigeschossigen Giebel zur Erbischen Straße stehende Patrizierhaus baute die Familie Schönlebe zu Beginn des 17. Jahrhunderts repräsentativ aus. Im Innern des Hauses überrascht die Qualität freigelegter Deckenbilder aus jenem Zeitraum; im ersten Stock eine frühbarocke Bemalung, im zweiten Bergbaumotive nach Agricola. Ein frei zugängiger Wendelstein führt in die oberen Geschosse.

Unter den Mitgliedern der Familie Schönlebe war besonders Jonas Schönlebe (1582-1658) bedeutend. Als Sohn eines kurfürstlichen Hüttenreiters geboren, kehrte er 1602 nach ausgedehnten Reisen nach Freiberg zurück. 1625 wurde er Ratsherr, 1627 Salzherr, 1628 Musterherr, 1629 Zehnter und 1631 Bürgermeister. Besondere Verdienste für die Stadt erwarb er sich in den Jahren des Dreißigjährigen Krieges. Nach einer glücklichen Errettung aus der Hand kaiserlicher Truppen im Jahre 1632 stiftete er die Bergmannskanzel für den Dom.
In den harten Zeiten der Belagerung der Stadt durch schwedische Truppen, sowohl 1639 durch Baner als auch 1642/43 durch die Armee Torstensons, leitete er mit dem Stadtkommandanten von Schweinitz und dem Berghauptmann von Schönberg die Verteidigung. Dank tapferer Gegenwehr der Musketiere, Defensioner und Bergleute wurde Freiberg bis zur Befreiung durch die Armee des Generals Piccolomini gehalten. Kaiser Ferdinand III. verlieh ihm eine goldene Ehrenkette (die im Stadt- und Bergbaumuseum ausgestellt ist) und erhob ihn in den Adelsstand.

Zwischen dem Rathaus und dem Schönlebehaus steht der Klatschweiberbrunnen, gestaltet 1979 vom Freiberger Künstler Gottfried Kohl (geb. 1921).

SAGE UND GESCHICHTE

Napoleon in Freiberg

Am 16. Mai 1812 empfing das sächsische Königspaar im Hause Obermarkt 4 den französischen Kaiser Napoleon, der sich auf dem Weg nach Rußland befand. Nach freundlicher Begrüßung durch den Bürgermeister überreichte Oberberghauptmann von Trebra dem hohen Gast eine kupfererzhaltige Mineralienstufe. Professor Lampadius übergab eine zu diesem Anlaß verfaßte Schrift »Stärkezucker und Kastanienkaffee« mit Kaffee und Zuckerproben für das nächste Frühstück. Damit stellte er seinen Anteil an der Überwindung der durch Napoleon verhängten Kontinentalsperre (Verbot der Einfuhr englischer Waren) heraus.
Am Abend nahmen Freiberger Bergleute zur Parade Aufstellung. Ein erleuchtetes »N« für Napoleon strahlte vom Abrahamschacht. Der große Korse hielt jedoch die in ihren Berguniformen angetretenen Bergleute für Angehörige der Bürgerwehr (»Ah, c`est la milice!«).

Napoleonhaus

Das Nachbarhaus Obermarkt 4 ist mit seinem Rundbogenportal eines der wenigen frühbarocken Kaufmannshäuser der Stadt. Erbaut in den Jahren 1680/81, konnte es 1972 erneuert werden.

Das geräumige Portal, einst Reisekutschen die Einfahrt in den Hof ermöglichend, ist heute Zugang zu einer Kaufhalle.

Obermarkt 6 ist ein frühbarockes Kaufmannshaus. Durch die drei Obergeschosse geht ein mit Knorpelwerk verzierter Mittelerker. Über dem Rustikaportal ist die Jahreszahl 1669 ausgewiesen. Die 1825 in Freiberg gegründete Hutfabrik Mette hat hier ein Geschäft für Hüte und Pelze, neuerdings auch für Hochzeitskleider.

Alnpeckhaus

Der dem Obermarkt zugewandte Giebel des Eckhauses Obermarkt/Korngasse 1 zeigt auffällige Fenster mit Vorhangbögen. Es wurde im 16. Jahrhundert durch die Familie Alnpeck erbaut, die bis zur Verlegung der Freiberger Münze 1556 nach Dresden an den Hof des Kurfürsten auch den letzten Münzmeister stellte. In den unteren zwei Etagen befindet sich die Buchhandlung Glückauf.

Obermarkt 7 fügt sich als Neubau in die Häuserzeile des Marktes ein. Es war vor dem Neubau im Jahre 1959/60 ein Kaufmannshaus mit Ladeluke am Dachfirst. In einer Nische im ersten Stock stand bis dahin eine Bergmannsfigur aus dem 16. Jahrhundert mit dem Wappen der Familie Prager. Darüber befand sich einst eine Inschrift, daß sich an dieser Stelle Freibergs erste Zeche befunden habe, was inzwischen durch wissenschaftliche Arbeiten widerlegt wurde. Heute ziert dieses neuerbaute Geschäfts- und Wohnhaus eine Bergmannsfigur in moderner Arbeitskleidung mit einem Preßlufthammer über der Schulter.

Am Obermarkt 8 steht das älteste gotische Spitzbogenportal eines Bürgerhauses der Stadt. Es stammt aus den Jahren 1499 bis 1502. Bei der Restaurierung des Hauses 1998/99 wurden freigelegte Deckengemälde konserviert.

Benachbarte Häuser hießen einst »Handtuchhäuser«: Bevor Läden in ihrem Erdgeschoß eingerichtet wurden, hatten sie nur einen Eingang durch das Hinterhaus von der Petriplatzseite her.

Carlowitzhaus

Eckhaus Obermarkt 10/Kirchgäßchen 2, ein dreigeschossiges Giebelhaus von 1542, ist das einzige Freiberger Wohnhaus im Stil der »Görlitzer Renaissance«. Die Fenster sind durch Pilaster gerahmt statt durch Gewände.

Von 1690 bis 1714 war es das Wohnhaus von Oberberghauptmann Hans Carl von Carlowitz (1645-1714). Er verfaßte das erste forstwissenschaftliche Buch unter dem Titel »Silvicultura oeconomica oder Hauswirtschaftliche Nachricht und naturgemäße Anweisung zur wilden Baumzucht«. Mit Erforschung der natürlichen Lebensbedingungen unserer Wälder trug er Sorge um den geringer werdenden Holzbestand, den der Bergbau benötigte.

Möller-Henckel-Haus

Obermarkt 12 ist ein spätgotisches Bürgerhaus aus der Zeit um 1500. Zwei berühmte Freiberger Persönlichkeiten bewohnten es: Von 1641 bis 1660 der Stadtchronist Andreas Möller (siehe Gedenktafel) und vermutlich ab 1733 bis zu seinem Tode 1744 der Bergrat Johann Friedrich Henckel.

Andreas Möller (1598-1660) gehört neben Bürgermeister Schönlebe (siehe Seite 14), Leutnant Schmohl (siehe Seite 25) und Kommandant Schweinitz zu den berühmten Freiberger Persönlichkeiten des Dreißigjährigen Krieges, ohne daß er jedoch auf den Bastionen gekämpft hat wie jene. Seit 1624 war er am hiesigen Gymnasium als Konrektor und Lehrer für Hebräisch und »andere morgenländische Sprachen« tätig. Er führte Astronomie in den Unterricht ein, und als Leiter der Schulbibliothek nahm er eine Neugliederung der umfangreichen Sammlung vor (siehe Seite 64). Für seine Dramen und Schulkomödien erhielt er den Titel eines Poeta laureatus verliehen. Nach seiner Promotion zum Dr. med. an der Universität Jena wirkte er als Arzt in Freiberg. Unvergessen wurde er durch die Herausgabe der Chronik »Theatrum Freibergense Chronicum« in deutscher Sprache im Jahre 1653; sie gilt noch heute als wichtigste Quelle zur Stadtgeschichte. Die historische Bibliothek im heutigen »Geschwister-Scholl-Gymnasium« trägt den Namen »Andreas-Möller-Bibliothek«.

»Stadtphysikus« Johann Friedrich Henckel (1679-1744) erhielt als Arzt, Chemiker und Mineraloge 1733 vom Oberbergamt den Auftrag zur Einrichtung eines Laboratoriums in einem Gartenhaus an der Fischerstraße. (Siehe Henckel - Lomonossow-Haus S. 29).

Ratskeller

»Das KauffHausz liegt am Obern/Marckte und ist Anno 1545 nach Reminiscere zu bawen angefangen ...«, so berichtet Chronist Möller. Baumeister Sebastian Lorenz der Ältere errichtete dieses dreigeschossige Haus Obermarkt 16 als Kaufhaus und Repräsentationsgebäude der Stadt. Das Portal aus der Zeit der Frührenaissance zeigt neben dem Stadtwappen auch Porträts und Rankenwerk.
Der Name der benachbarten Straße – Kaufhausgasse – bringt bis in unsere Zeit die frühere Funktion des Gebäudes zum Ausdruck. Im Erdgeschoß befanden sich neben dem Ratsweinausschank die Verkaufsstände der Bäcker und Fleischer. Im ersten Stock verkauften die Tuchmacher, Gewandschneider, Kürschner und Schuhmacher ihre Waren. Die »Kastenstube« war im 17. Jahrhundert Sitzungsraum der Vorsteher des Almosenkastens (=Almosenkasse) und »Trinkstube für besondere Personen«. Eine aus dem 16. Jahrhundert stammende Trinkstubenordnung ist erhalten geblieben. Seit einem Umbau im Jahre 1880 lädt die Gast-

stätte »Ratskeller« zur Einkehr ein. Seit der Renovierung von 1986 kommen die Balkendecke, die Mittelsäule und die Türgewände wieder zur Geltung. Im Erdgeschoß finden wir Freiberger Achat als Raumdekoration.

Der Saalbau im ersten Stock, 1683 bis 1687 errichtet, war einst erster Theatersaal der Stadt. Wandernde Schauspielgruppen traten vor Gründung des Stadttheaters hier auf, so 1727 die berühmte Caroline Neuber (1697-1760), die als »die Neuberin« in ganz Deutschland bekannt war. Konzerte gab hier auch zwischen 1834 und 1836 die Pianistin Clara Wieck (1819-1896), die spätere Frau Robert Schumanns. Die barocke Ausmalung des Saales stammt aus dem 18. Jahrhundert. Das dominierende Bild der Stirnseite »Huldigung an Apoll« vom Maler S. Bottschild aus der Zeit des Barock (um 1680) konnte aus dem ehemaligen Schloß Polenz erworben werden.

Parallel zur heute rekonstruierten Kaufhausgasse befanden sich einst in alten Gebäuden die Fleischbänke der Stadt.

Lißkirchenhaus

Die für den Obermarkt typische Eigenart steiler Ziegeldächer und übereinandergestafftelter Dachluken wird besonders deutlich am Haus Obermarkt 17, erbaut im Stil der Renaissance. Es wurde 1528/31 als viergeschossiges, 32 m hohes Patrizierhaus mit vier Dachetagen erbaut und ist so weithin erkennbar. Bauherr war der Bürgermeister und Ratsherr Georg Lißkirchen.

Beeindruckend ist das Renaissanceportal, das mit Recht neben der Goldenen Pforte, der Kreuzigungsgruppe, der Tulpenkanzel und dem Moritzmonument als architektonische Kostbarkeit der Stadt genannt wird. Steinmetz Paul Speck (gest.1557) gelang damit ein Höhepunkt seines Schaffens. Im inneren Bogen gestaltete er zierliche Putten, Drachen und Blattwerk. In den beiden Eckmedaillons könnten der Erbauer und seine Frau dargestellt worden sein. Das Bemerkenswerteste aber ist das Giebelfeld in der Mitte, das uns den Bergbau um 1500 vor Augen führt. Da sind u.a. rechts zwei Knechte an der Haspel zu sehen, links ein Mann beim Zerkleinern des Erzes, in der Mitte Bergleute vor Ort und zwischen den Gestalten aus dem Bergmannsleben stehen alte Kauen. Die Darstellung tangiert mit Motiven des Annaberger Bergaltars von Hesse. Beide Arbeiten sind in die Zeit vor der Veröffentlichung von Agricolas »De re metallica« (1556) einzuordnen.

Im Treppenturm ermöglicht eine offene profilierte Spindel mit Blockstufen den Aufstieg in die oberen Stockwerke.

Das benachbarte dreigeschossige Bürgerhaus Obermarkt 18 zeigt aus der Zeit um 1515 das Relief »Gottvater und die Weltkugel« von Franz Maidburg (um 1480-1546), der damit den Beginn einer »Freiberger Bildhauerschule« unbewußt markierte. Weitere Werke Maidburgs finden wir in der Annenkirche in Annaberg.

Obermarkt 17

Ratsapotheke

Am Hause Obermarkt 23 neben dem Rathaus weist das Bild eines schwarzen Elefanten auf einer Tafel zwischen den Fenstern des 1. und 2. Stockwerkes auf die 1279 ersterwähnte Apotheke der Stadt hin, als ein »her Johannes uze der Apotheken, burgere zu vriberg« dem Markgrafen ein Gut verkaufte. Die heutige »Ratsapotheke« befindet sich seit 1631 in diesem Haus. In späterer Zeit wird auch eine »Apotheke an der Kraemerecke am Markt« genannt. Seit 1637 gibt es eine Freiberger Apothekenordnung, und bis in jene Zeit geht auch der Name der »Privilegierten Apotheke zum Schwarzen Elefanten« zurück.

Inneres der Petrikirche mit Christusfigur von F. Press

DIE PETRIKIRCHE

Durch das Kirchgäßchen gelangen wir vom Obermarkt zur Petrikirche. Sie gab ihren Namen dem Stadtviertel mit Peterstor und Peterskirchhof und später auch der Petersgasse. Mit ihren drei Türmen von ungleicher Höhe prägt sie noch heute die Silhouette der Stadt.

Mit der Errichtung der Oberstadt entstand auch um 1185 die Petrikirche auf dem höchsten Plateau der Stadt, vermutlich an der Stelle einer alten Gerichtsstätte. Aus dem Jahre 1218 ist der Name des ersten Pfarrers überliefert.

Aus der ersten Bauphase ist der 72 m aufgestockte Petriturm erhalten. Die barocke Haube des Turmes hat Ratsbaumeister Johann Gottlieb Ohndorf (1710-75) geschaffen. Der Turm trägt die Stundenglocke und das »Häuerglöckchen«, das den Bergmann täglich zur Schicht rief. Nach einer erhaltenen Anweisung aus dem Jahre 1574 läutete es morgens (um 3 und um 4 Uhr), mittags (11 und 12 Uhr) und abends (19 und 20 Uhr). Auf dem 1874 erneuerten Bergglöckchen steht der Spruch:

»Auf, auf! zur Grube ruf ich euch, ich, die ich oben steh.
So oft ihr in die Tiefe fahrt, so denket an die Höh!«

Die alte Glocke ist Ausstellungsobjekt im Stadt- und Bergbaumuseum.
Der »Faule Turm« trägt die Glocken, und der »Hahnenturm« steht allein an der Ostseite des Kirchenschiffes.

Das Gotteshaus wurde 1386 durch Feuer zerstört, und um 1405 erfolgte ein Neubau als spätgotische Hallenkirche. 1730, nur zwei Jahre nach erneutem Brand, wurde eine barocke Ausgestaltung vorge-

Türmerstube im Petriturm

nommen, zu der auch die Sandsteinkanzel von Johann Christian Feige von 1733 gehört. Die Orgel hat G. Silbermann 1733 bis 1735 in seiner Werkstatt geschaffen. Sie besitzt 2 Manuale, 32 Stimmen und 1800 Pfeifen. In jüngster Zeit, von 1976 bis 1988, wurde die Kirche restauriert und erhielt ihre jetzige Innenausstattung. Diese neuzeitliche Gestaltung des Kirchenschiffs mit den zwei Christusfiguren (aus Lindenholz, überzogen mit Silberfolie) und den 12 Stelen an den Wänden (darstellend die »Wartende Gemeinde«) trägt die Handschrift des seinerzeit in Dresden lebenden Bildhauers Friedrich Press (1904-1990).

Auf dem Turm wohnte bis 1905 der Glöckner, der bei ausbrechendem Feuer die Bewohner alarmieren mußte. Trotz der Bewältigung von 220 Stufen ist eine Besteigung des Turmes zu empfehlen, denn aus den Fenstern der alten Türmerstube bietet sich ein eindrucksvoller Blick über die alte Bergstadt und ihre reizvolle, noch immer vom Bergbau geprägte Umgebung.

Zwei politische Ereignisse sollen nicht unerwähnt bleiben: Am 7.Mai 1945 ließ OB Werner Hartenstein weiße Fahnen auf dem Petriturm hissen, damit der Panzerspitze der anrückenden Roten Armee die kampflose Übergabe Freibergs signalisierend. Bereits am 8.10.1989, also noch vor der Öffnung der Berliner Mauer, hat Pfarrer Breutel die Petrikirche für Fürbittgottesdienste geöffnet.

Fortunabrunnen

DIE PETERSSTRASSE

Seit 1427 trägt die Petersstraße, früher Petersgasse, ihren Namen, mit Ausnahme der Jahre 1949 bis 1991, als sie »August-Bebel-Straße« hieß. Auch auf dieser Straße setzt sich beidseitig – mit einigen Ausnahmen – die Reihe von Bürgerhäusern aus dem 16. Jahrhundert fort.

Ein früherer Bau des Eckhauses Petersstraße 1a gehörte teilweise mit dem Nachbargrundstück zu einem der Freihöfe der Stadt, dem sog. Oberhof. Er besaß gewisse städtische Freiheiten. Konditormeister Curt Hartmann richtete 1926 das heutige Café im Stile eines Wiener Kaffeehauses ein. Während zwei andere im wiener Stil außerhalb Österreichs gebaute Cafes im Kriege zerstört wurden, sind die hier vorhandenen ornamentalen Stuckarbeiten original. Noch heute setzt das Café Hartmann als einzige Konditorei der Stadt die Tradition des Backens von Freiberger »Bauerhasen« fort.

SAGE UND GESCHICHTE

Der Freiberger Bauerhase

Einer Sage nach ist das Rezept des mit Mandeln gespickten Gebäcks in Form eines Hasen 700 Jahre alt. An der Tafel Markgraf Friedrichs mit der gebissenen Wange untersagte 1292 der ansonsten gaumenfreudige Abt eines hiesigen Klosters zu Beginn der Fastenzeit den Genuß eines knusprig zubereiteten Hasenbratens, sehr zum Kummer der zahlreichen Gäste. Ein Jahr später überraschte der Hofkoch namens Bauer die Tafelrunde mit einem gebackenen Hasen, der nun auch in der Fastenzeit – sogar vom Abt mit großem Appetit – gegessen werden durfte.

Das benachbarte Kaufhaus Peterssstraße 3 war von 1914 bis 1938 im Besitz der jüdischen Familie Schocken. Nach der Kristallnacht wurde ihr Unternehmen zur »Germania AG« arisiert, in der DDR gehörte es zum Konsumverband.

Alte Mensa
Das Haus Peterssstraße 5 ist als »Alte Mensa« ein beliebtes studentisches Kulturzentrum. Unter dem Namen »Schwarzes Roß« oder auch »Halbes Schwarzes Roß« war es einst ein angesehenes Hotel der Stadt, bereits von Möller 1653 als »sonderlich befryter Gasthof« erwähnt. Im Zeitalter der Pferdekutschen bot das Hotel Stallungen für 50 Pferde an. 1873 wurde hier die Ortsgruppe der Sozialdemokratischen Partei gegründet.

Fortunabrunnen
Nur wenige Meter entfernt finden wir den Fortunabrunnen, ein beliebtes touristisches Fotomotiv. Professor Bernd Göbel, ein gebürtiger Freiberger (geb. 1942), gestaltete ihn zur 800Jahrfeier der Stadt. »Fortuna beugt den Lebensbaum der Stadt«. Bedeutende historische Persönlichkeiten der Bergstadt werden im Relief dargestellt.

Hilligerhaus
Eine Familie, die für ihre Produkte weit über die sächsische Grenze hinaus bekannt war und sogar am Kaiserhof zu Wien Aufträge erfüllte, bewohnte als Stammsitz das Haus Peterssstraße 40. Die Glockengießerei Hilliger hat in neun aufeinanderfolgenden Generationen Kirchenglocken (so für den hiesigen Dom und die Nikolaikirche), Grabmale und ziselierte Grabplatten (gut erhalten noch im Freiberger und im Meißner Dom), aber auch Geschützrohre hergestellt, für die sogar Lucas Cranach aus Wittenberg die Verzierung entwarf. Das Rundbogenportal am Haus zeigt das von Kaiser Karl V. der Familie verliehene Wappen, einen silbergrauen Bären mit dem Tasterzirkel und dazu die Inschrift »GH 1745«. Am ebenfalls zur Familie gehörendem Haus Waisenhausstraße 7 fällt dem Betrachter auch ein silbergrauer, aufrechtstehender Bär auf, dessen Pranken einen Tasterzirkel festhalten.

Wappen der Familie Hilliger, Petristraße 40

Posthalterei und Postverwaltung

Die Gaststätte »Deutsches Haus« (mit Ausschanktradition seit 1864) beherbergte von 1833 bis 1897 zeitweise die Posthalterei in Freiberg. Sehenswert an diesem Hause Petersstraße 42 ist eine der wenigen Sonnenuhren der Stadt. Im gegenüberliegenden Haus, Petersstraße 27, amtierten von 1830 bis 1873 (mit geringer Unterbrechung) die Postmeister der Stadt. Das sächsische Staatswappen über der Tür erinnert daran.

Die Geschichte des offiziellen Postwesens hat in Freiberg eine über 300jährige Geschichte. Mit Erlaß des »Churfürstlich-Sächsischen Oberpostamtes« erfolgte die Eröffnung der Postlinie von Dresden nach Nürnberg im Juli 1693. Dadurch wurde die erste Poststation im Ort im Gasthof »Zum Güldenen Adler« auf der Burgstraße eingerichtet. (siehe auch Seite 38). Bis zu Beginn des Eisenbahnverkehrs hatte Freiberg regelmäßige Postverbindungen mit Personenbeförderung nach verschiedenen Orten, so fuhren acht Postkutschen je Woche nach Dresden, fünf nach Leipzig, vier nach Hof und Nürnberg, je zwei nach Marienberg und Schneeberg, eine nach Chemnitz. Bei Bedarf wurde die Tour nach Schneeberg noch bis Nürnberg verlängert. Der erste Briefträger nahm 1812 seine Arbeit auf.

Mohnhaupthaus

Am Haus Petersstraße 46 befindet sich eine Gedenktafel, die der Betrachter nicht sofort zu deuten weiß. Auf der Steintafel stehen die Anfangsbuchstaben für den Einsetzungstext des heiligen Abendmahles:

V(erbum) D(omini) M(anet) I(n) E(ternum) V(nser) H(err) J(esus) C(hristus) I(n) D(er) N(acht) D(a) E(r) V(erraten) W(ard) N(ahm) E(r) D(as) B(rot) D(ankte) V(nd) B(rachs) V(nd) G(abs) D(en) J(üngern) V(nd) S(prach) N(ehmet) E(sset) D(as) I(st) M(ein) L(eib) D(er) F(ür) E(uch) G(egeben) W(ird) D(as) T(ut) Z(u) M(einem) G(edächtnis) D(esselbigen) G(leichen) N(ahm) E(r) D(en) K(elch) N(achdem) S(ie) Z(u) A(bend) G(egessen) H(atten) V(nd) D(ankte) V(nd) G(ab) I(hnen) D(en) V(nd) S(prach) T(rinket) A(lle) D(araus) D(as) I(st) D(er) K(elch) D(es) N(euen) V(nd) E(wigen) T(estaments) I(n) M(einem) B(lut) D(as) F(ür) E(uch) V(ergossen) W(ird) Z(ur) V(ergebung) D(er) S(ünden) S(olches) T(ut) S(o) O(ft) I(hrs) T(ut) Z(u) M(einem) G(edächtnis). ANNO Domini 1529

Gedenktafel am Hause Petristraße 46

Unter dem Freiberger Reformationsspruch: »Gottes Wort bleibet in Ewigkeit« (VDMIE) kündet die Tafel von der frühen Gabe des Abendmahls beiderlei Gestalt in einem Privathaus acht Jahre vor der offiziellen Einführung der Reformation durch den Landesherrn in Freiberg.

Über sechs Jahrzehnte früher hatte der damalige Bürgermeister Mohnhaupt 1469 mit Erlaubnis des Papstes eine Hauskapelle einrichten dürfen.

Albertpark (südlicher Teil)
In der seit über einem Jahrhundert gepflegten Parkanlage sind folgende Objekte von historischem Interesse:

Schwedendenkmal

Schwedendenkmal
Am Ende der Petersstraße befand sich das Peterstor. 1343 wurde es erstmals als valva sancti Petri erwähnt. Einbezogen in den Verteidigungsring der Stadtmauer und flankiert von wehrhaften Türmen hat es sich wiederholt als Bollwerk gegen die anstürmenden Schweden bewährt. An die erfolgreiche Verteidigung der Stadt in den Jahren 1639 und 1642/43 erinnert auch das Schwedendenkmal, von Prof. Heuchler (1802-79) als »Denkmal der Bürgertreue« 1844 aufgestellt. In drei Standbildern stellte Heuchler den Bürger als Verteidiger mit der Radschloßbüchse und Patronen am Riemen vor der Brust dar, den kurfürstlichen Soldaten mit Lanze und Schwert und den Bergmann mit der Barte als Waffe, unterm Kittel eine geheime Botschaft verbergend.

Der gesamte mit Büschen und Bäumen bewachsene Schneckenberg ist der Rest einer alten Schanze jener Zeit, die das Tor schützte. 1838/39 wurde das Tor abgerissen.

Albertpark. Peter-Schmohl-Schanze

Peter-Schmohl-Schanze

Mit dem Erhalt der Peter-Schmohl-Schanze, der Ruine des alten Rotgießerturms im Bereich des hartumkämpften Peterstores, bewahrt die Stadt ein Denkmal für die damaligen Verteidiger.

Peter Schmohl (1600-52), ein Sohn der Stadt Freiberg, erlernte den Beruf des Vaters, Seidensticker, und wurde im Dreißigjährigen Krieg Soldat. Im Heer des Schwedenkönigs avancierte er zum Hauptmann. Nach seiner Teilnahme an den Schlachten bei Lützen und Nördlingen kehrte er nach dem Friedensvertrag von 1635 in seine Vaterstadt zurück und bewohnte das Haus Borngasse 1. 1639 erhielt er vom Kurfürsten das Leutnantspatent der Freiberger Defensioner. Bei der 50-tägigen Belagerung im Winter 1642/43 durch die schwedische Armee unter General Torstenson verteidigte Schmohl mit seinen Männern »heldenmütig« den Turm. Freiberg war in jenen Jahren die einzige deutsche Stadt, die von den schwedischen Armeen nicht erobert werden konnte. Als jedoch der Bürgermeister dem Kaiser die Namen der tapfersten Verteidiger melden durfte, fehlte der Name Schmohl auf der Liste, dafür waren viele Ratsherren aufgeführt!

Unweit davon, an der Straße nach Chemnitz, steht die katholische Johanniskirche. Unter dem Geäst einer mächtigen Linde soll von hier aus General Torstenson die Angriffe auf Freiberg nach stürmischen Kanonaden geleitet haben.

Lindenhaus

Im Albertpark führt vom Schwedendenkmal eine Freitreppe zum Springbrunnen hinab. Beim Gang um den Brunnen fällt der Blick auf das Haus Beethovenstraße 7, genannt Lindenhaus, in dem einst der Professor für Geologie Bernhard von Cotta (1808-1879) und Oberbürgermeister Hartenstein (1879-1947, siehe Seite 12) gewohnt haben. Erbaut 1870, diente es ab 1905 bis 1933 der Burschenschaft »Glückauf« als Korpshaus.

Martersäule

Am Rande der Grünfläche des Schneckenberges steht ein stark verwittertes Steinpostament, eine Martersäule aus dem Jahre 1484. Sie zeigt drei Szenen vom Leidensweg Christi.

Distanzsäule aus dem Jahre 1723

Postmeilensäule

Am Bebelplatz findet der Besucher eine der drei in Freiberg aufgestellten Postmeilensäulen, richtiger ist die Bezeichnung Distanzsäulen. Neben den Entfernungsangaben zu verschiedenen Orten sind auf ihnen das sächsische Wappen und die Initialen »AR« (Augustus Rex = König August) eingemeißelt. 1723 wurden vor Freibergs Toren fünf solcher Säulen errichtet. Als einzige Stadt des alten Kurfürstentums Sachsen weist Freiberg noch drei auf: vor dem Erbischen Tor, dem Peterstor und dem Meißner Tor. Dank der Tätigkeit der Forschungsgruppe »Kursächsische Postmeilensäulen« und einer Spende der Freiberger Philatelisten präsentieren sich die Freiberger Säulen heute in restauriertem Zustand.

1695 ordnete August der Starke die Errichtung von Säulen in Leipzig und Dresden an, mit denen die Reisenden über die Entfernungen zu wichtigen Orten informiert werden sollten. Bald standen steinerne Distanzsäulen an den Poststraßen, vor den Stadttoren und zuweilen auch auf Marktplätzen. Dazu hatte Adam Friedrich Zürner (1679-1742) die Straßen des Kurfürstentums Sachsen neu vermessen. Als »Königlich-Polnischer und Churfürstlich-Sächsischer Geograph« ließ er sich einen »geographischen Wagen« bauen, dessen Hinterrad-Umfang exakt einer neuen Dresdener Rute von 4,531 m entsprach. Innerhalb einer Stunde konnte etwa eine halbe Postmeile = 1000 Ruten = 4,531 km zurückgelegt und die Distanz exakt bestimmt werden. Ein bewundernswert konstruiertes Zählwerk registrierte jede Radumdrehung.

DIE WAISENHAUSSTRASSE

In der von der einstigen Stadtmauer zum Obermarkt parallel zur Petersstraße verlaufenden Waisenhausstraße erwecken Gebäude von historischer Bedeutung unsere Aufmerksamkeit.

Hotel Am Obermarkt (einst Waisenhaus)

Zum Tag der Sachsen 1992 wurde im Hause Waisenhausstraße 2 das Hotel Am Obermarkt eröffnet. Es hat im vorigen Jahrhundert als Waisenhaus und Knabenbürgerschule und 1945 als Fronfeste zur Inhaftierung politischer Häftlinge gedient.

Weil vor rund 180 Jahren das alte Findelhaus den Anforderungen nicht mehr genügte, erfolgte eine Verlegung in dieses Haus. Die Waisen verlebten hier keine erfreuliche Kindheit, zuweilen wohnten 25 Kinder in einem Raum. Eine Waisenmutter führte mit Strenge die Aufsicht, ein Waisenlehrer unterrichtete in »Lesen, Schreiben, Christentum und Naturgeschichte, soweit dies ihnen nötig seyn kann«. Die meiste Zeit aber mußten die Kinder arbeiten. In der Spinnstube waren die Mädchen tätig, und die Jungen flochten Körbe.

Im Obergeschoß war von 1834 bis 1848 die Knabenbürgerschule untergebracht. Der Stadtrat hatte damit auf die Frage des Direktors Gotthilf Ferdinand Döhner (1790-1866) – «Was gehört zu einem wohlgeordneten Bürgerschulwesen einer Stadt wie Freiberg?« – positiv reagiert. Die vier untersten Gymnasialklassen wurden von der Bürgerschule mit übernommen. Ihr bekanntester Lehrer war Johann Carl Gotthelf Rochlitzer (1774-1848) aus Frauenstein. Er hat 1797 zur Gründung eines Seminars in Freiberg beigetragen, 1802 ein eigenes Erziehungsinstitut gegründet und war von 1806 an Lehrer am Gymnasium. Für seinen Elementarunterricht gab er zahlreiche Fibeln auf der Grundlage der Lautiermethode und auch Rechenbücher heraus. 1848 wurde die Knabenbürgerschule in das ehemalige Wohnhaus der Familie von Herder verlagert.

Naturkundemuseum (einst Haus der Freimaurerloge)

Das dreigeschossige Bürgerhaus Waisenhausstraße 10 dient seit 1947 als Naturkundemuseum der Stadt. Erfolgten in den ersten Jahrzehnten Ausstellungen über heimische Tier- und Pflanzenarten, so häuften sich in den letzten Jahren notwendige Informationen zum Umweltschutz. Besonders für Schulklassen stellen die Besuche gute Ergänzungen zum Unterricht dar. Zwei Gedenktafeln weisen am Haus auf den Wohnsitz von Christlieb Ehregott Gellert (1713-1795) und Johann August Friedrich Breithaupt (1791-1873) hin. Hier hat Gellert 1765 der kurfürstlichen Familie chemische Experimente vorgeführt und Mineralien erklärt, später im ersten Stock seine Vorlesungen gehalten. Nach seinem Tode übernahm die 1798 gegründete Freimaurerloge »St. Johannis zu den drei Bergen« das Haus, und die Meister vom Stuhl Professor Breithaupt und Dr. Ettmüller (gest. 1881) bewohnten es.

Viele Persönlichkeiten des Freiberger Geisteslebens, wie Abraham Gottlob Werner, Friedrich Wilhelm Charpentier, August Wilhelm Lampadius, Benno von Heynitz, Friedrich Wilhelm von Trebra u.a. hatten sich unter Losung der Aufklärung zusammengefunden, »Habe Mut, dich deines Verstandes zu bedienen.« Die Mitgliederzahl wuchs in Freiberg von 14 im Jahre 1798 auf 48 in 1804 an. Das Signet der Loge wies drei Berge und eine Taube unter strahlender Sonne auf. (Das Motiv der drei Berge findet sich noch heute im Markenzeichen der Firma »Präzisionsmechanik« wieder.) 1814 führte die Loge die Sonntagsschule ein und gab damit Lehrlingen eine Chance zur Weiterbildung. 1935 wurde die Loge geschlossen und das Gebäude von einer NS-Dienststelle übernommen. Die Einrichtungen wurden zerstört oder in ein zu Propagandazwecken der Nazis verändertes Logenmuseum nach Chemnitz gebracht, das im März 1945 durch Bombenabwurf ausbrannte. Hier war der Charakter des Freimaurertums als »jüdisch-plutokratisch« verfälscht worden.

Reichhaus

An der Ecke zur Wallstraße, am Haus Waisenhausstraße 20, weist eine Tafel auf die Wohnung von Professor Ferdinand Reich (1799-1882) hin. Zusammen mit Christian Friedrich Brendel (1776-1861) führte er 1832 Fallversuche zum Nachweis der täglichen Erdumdrehung durch, und mit Theodor Richter (1824-1889) gelang ihm 1863 die Entdeckung des Elements Indium.

Freiberger Brauhof

Auf dem einstigen Brauhausgelände entstand ein modernes Einkaufszentrum »Kaufland – Am alten Brauhof«, daneben bewahrt die 1850 eröffnete Gaststätte »Brauhof« die Tradition des seit acht Jahrhunderten in Sachsen bekannten »Freybergischen Bieres«. Im Sommer 2000 wurde das 150jährige Bestehen des Freiberger Brauhauses mit tausenden von Gästen gefeiert. Freiberger Bier hatte und hat wegen seines Geschmackes in vielen Jahrzehnten einen guten Namen in Mitteldeutschland. Seit Gründung der Stadt wurde von den Bürgern Bier gebraut, auch für den bewiesenen Export. Freiberg zählt zum ältesten Brauereistandort Sachsens.

1227 erwähnte eine Urkunde das Schrotamt und nur wenige Jahre später, 1266, entschied Markgraf Heinrich der Erlauchte in einem Streit zwischen Freiberg und Dippoldiswalde, daß an »Ausbeute-Bergwerke nur Freibergisch Bier« geliefert werden durfte. Eine Redensart sagte: »Es kitzelt einem in der Nase wie Freiberger Bier«. Es wurde auch am Hofe in Dresden gern getrunken, so 400 Faß zur Hochzeit Herzog Georgs des Bärtigen. 1538 bedankte sich Philipp Melanchthon (1497-1560) für ein Faß Bier als Ehrengeschenk des Freiberger Stadtrates. Im Feldzug gegen die Türken, so im Sommer 1542, rollten 13 Geschirre mit Freiberger Gerstensaft in das Lager der kursächsischen Truppen. Auf dem Reichstag zu Regensburg wurde auch »Sächsisch Pier aus Freyberg« getrunken. Glockengießer Hilliger durfte am Hofe des Erzherzogs Karl II. von Oesterreich »Pierbrewen auf die Meisnische arth«. Gesellen mußten Johann Friedrich Böttger Freiberger Bier in sein Labor bringen, um die Versuche zur Porzellanherstellung zu beflügeln. Auch August der Starke mochte die Herbe des Freiberger Bieres. Bis Mitte des 19. Jahrhunderts übten brauberechtigte Bürger den »Reiheschank« aus. Heute stellt sich mit der Wiedereinführung des deutschen Reinheitsgebotes von 1516 Freiberger Pils mit Erfolg den Erfordernissen des Wettbewerbes. Mit der Verlagerung der Produktion 1996 vor die Tore der Stadt in das Gewerbegebiet Freiberg-Nordwest längs der Leipziger Straße »Am Fürstenwald« entstand hier die modernste Brauerei Europas. Zur Zeit (2003) beträgt die Produktionsmenge 800.000 Hektoliter im Jahr.

Nun bietet sich ein Spaziergang entlang der efeubewachsenen Stadtmauer längs der Schillerstraße an.

DIE FISCHERSTRASSE

Ihren Namen trägt die Straße seit 1396. Stadtchronist Möller berichtet von einem »Fischmarkt oben bei dem Gerinne« (gemeint ist die Rinnengasse) und als Restaurant war auch eine Fischerstube bekannt. Nun hat die Straße seit 1991 ihren alten Namen zurückerhalten, nachdem sie von 1961 bis 1991 in Lomonossowstraße umbenannt worden war.

Henckel-Lomonossow-Haus

Am Hause Fischerstraße Nr. 41 weist eine Gedenktafel darauf hin, daß hier in einem früheren Gebäude der russische Universalgelehrte Michael Wassiljewitsch Lomonossow (1711-65) bei Bergrat Henckel von Juli 1739 bis Mai 1740 als Student lebte.

Im Rahmen der 1702 gegründeten Kurfürstlichen Stipendienkasse bildete Henckel Nachwuchskräfte für Bergbau und Hüttenwesen aus. Dies kann man als eine Vorstufe zur 1765 gegründeten Bergakademie werten. In seinem Labor, einem ersten für Metallurgie und Probierkunde in Deutschland, leitete er seine Schüler zum Experimentieren an und vermittelte ihnen eine praxisnahe Ausbildung. »Es war eine Herberge und ein Gasthof für gelehrte Leute von Adel und Bürgertum«. Zu ihnen gehörten u.a. Karl Eugen Pabst von Ohain (1718-84), der 1775 als Berghauptmann die Berufung Abraham Gottlob Werners an die Bergakademie veranlaßte; Abraham Sigismund Marggraf (1709-82), der spätere Leiter des chemischen Labors in Berlin und der Entdecker des Rübenzuckers; Friedrich Wilhelm von Oppel (1720-69), der als Oberberghauptmann 1765 wesentlich zur Gründung der Bergakademie beitrug; Dimitri Iwanowitsch Winigradow (1720-58), der Schöpfer des russischen Porzellans.

Bevor Lomonossow nach Freiberg kam, hatte er im Auftrag des Zaren von 1736 bis 1739 bei Christian Wolff (1679-1754) in Marburg mathematische und philosophische Vorlesungen gehörte. Nun erlebte er in Freiberg eine intensive Ausbildung in Physik, Chemie, Mineralogie, im Bergbau und in der Metallurgie. Mag er auch mit der Durchführung zeitraubender Versuchsreihen in der »Docimasticae«, der Probierkunde, nicht einverstanden gewesen sein, so konnte er später in Petersburg doch die von Henckel erlernte Arbeitsmethodik für die eigene Forschung anwenden. Auch erinnerte er sich später, daß er »in Sachsen bei der Besichtigung der Gruben Gelegenheit hatte, in den Berg in fast gerader Linie bis zu vierzig Fahrten tief, jede Fahrt zu vier Lachtern (1 Lachter = ca. 2m), hinab zu steigen«. Zu den von ihm besuchten Gruben der Umgebung gehörten die »Neue-Hoffnung-Gottes-Fundgrube« in Bräunsdorf und die »Himmelsfürst-Fundgrube« zu Erbisdorf. Bekannt ist Lomonossows Bonmot, er habe in Freiberg (nach Marburg) die deutsche Sprache ein zweites Mal – sächsisch eingefärbt erlernt.

Übernachtungshaus des Preußenkönigs

An der Straßenseite der ehemaligen Stadtpark-Lichtspiele, Fischerstraße 21, erinnert einer Tafel daran, daß hier als Gast des Bürgermeisters S. Tzschöckel der Preußenkönig Friedrich der Große während seiner Freiberger Aufenthalte in den

Jahren 1759, 1760, 1761 und 1762 jeweils Quartier genommen hatte. Freiberg hätte auf diese Ehre gern verzichtet, denn Rat und Bürger zitterten schon bei seiner Ankunft, die stets erhöhte Einquartierungen mit sich brachte.

Tielkehaus

Das Eckhaus 6a stammt aus der zweiten Hälfte des 16. Jahrhunderts und präsentiert einen Portalverschlußstein von 1784. Von 1784 bis 1787 wurde es vom Kartograph und Militärschriftsteller Hauptmann Johann Gottlieb Tielke (1731-1787) bewohnt, der u.a. durch seine Geschichtsdarstellungen des Siebenjährigen Krieges bekannt wurde.

Originalgetreues Modell der ersten Gaslaterne aus dem Jahre 1811

Lampadiushaus

Leider wird eine Laterne am Hause Fischerstraße 6 übersehen, dabei hat sie doch für Freiberg eine besondere Bedeutung: Der einst hier wohnende Professor für Chemie und Hüttenkunde Wilhelm August Lampadius (1772-1842) brachte im Winter 1811 bis 1812 an der Außenwand eine Gaslaterne zur Beleuchtung der Fischerstraße an. Sie war von Februar bis März 1812 in Funktion. Das Leuchtgas gewann er in einem »Steinkohlen-Thermolampen-Ofen«, der in der zweiten Etage des Hauses installiert war. So erstrahlte hier die erste Gaslaterne auf dem europäischen Kontinent, 14 Jahre früher, bevor in Berlin Unter den Linden Gaslaternen aufflammten. Das Gas diente Lampadius auch zum Heizen seines Studierzimmers. 1981 haben Vertreter der Bergakademie diese dem Original nachgebildete Laterne am Hause anbringen lassen.

Im Auftrag des Oberberghauptmanns von Trebra richtete Lampadius Ende 1816 die erste großtechnische Gasbeleuchtungsanlage im Amalgamierwerk zu Halsbrücke ein. Sie war bis 1895 in Betrieb. Zu den zahlreichen Besuchern des Werkes, das allgemein als »Achtes Weltwunder« bezeichnet wurde, gehörte auch J.W. von Goethe.

Die Würdigung der Leistungen Lampadius' kann nicht nur auf seine Experimente zur Gewinnung von Leuchtgas beschränkt bleiben. Er war eine überragende Forscherpersönlichkeit. Als 23jähriger Nachfolger von C.E. Gellert legte er den Grundstein für die Entwicklung einer modernen Chemie an der Bergakademie, indem er sich in seinen Vorlesungen von der Phlogistontheorie löste und die Erkenntnisse des Chemikers Antoine Laurent Lavoisier (1743-94) zugrunde legte. Als Begründer der modernen Hüttenchemie richtete er auch das erste Hochschullabor in der Welt für analytische und präparative Arbeit der Studenten ein. Neben der erstmaligen Darstellung von Schwefelkohlenstoff arbeitete er an der Verwertung von Torf und der Gewinnung künstlicher Düngemittel, der Verarbeitung von Kakaobohnen, der Herstellung von Ölen und Firnissen und beschäftigte sich mit Kokerei und der Behandlung gefrorener Kartoffeln. Die Zahl seiner Veröffentlichungen ist enorm. Er prägte maßgeblich das Profil der wissenschaftlichen Arbeit als Einheit von Theorie und Praxis an der Bergakademie.

VOM PLATZ DER OKTOBEROPFER ZUM SCHLOSSPLATZ

Kornhaus

Die Fischerstraße schneidet die Korngasse, die vom Obermarkt zum Kornhaus verläuft. Dieses hochaufragende Gebäude mit seinem Blendnischengiebel steht auf historischem Boden und zählt zu den ältesten Gebäuden der Stadt: Als sich die Stadt einst in kaiserlicher Gewalt befand, drangen 1307 die Truppen des Markgrafen Friedrich des Freidigen bei der Wiedereroberung über die Stadtmauern an dieser Stelle ein. Um die letzte Jahrhundertwende diente das Kornhaus der Freiberger Garnison als Reithalle. Deshalb hieß ein Teil der Straße auch »Reitbahngasse«.

Denkmal am Platz der Oktoberopfer

Ein Gedenkstein am Platz der Oktoberopfer

Im Schatten des Kornhauses erinnert unter einer Baumgruppe ein Gedenkstein aus Porphyrtuff an ein historisches Ereignis, welches dem Platz den Namen gab.

In den schweren Tagen der Arbeitslosigkeit und Inflation kam es am 27. Oktober 1923 auf dem Postplatz während einer Demonstration zu einer blindwütigen Schießerei der Reichswehr in die Bevölkerung, nach der 29 Tote (der Jüngste, E. Schmieder war 13 Jahre alt) und 25 Verletzte unter den Demonstranten zu beklagen waren. Anlaß waren Verbote, die der Militärbefehlshaber aufgrund des vom Reichspräsident Ebert (1871-1925) über Sachsen verhängten Ausnahmezustandes (einen politischen Putsch der von SPD/KPD geführten Regierung befürchtend) ausgesprochen hatte. Mit dem Einmarsch von 60 000 Soldaten der Reichswehr am 21./22. Oktober 1923 in die größeren Orte Sachsens und der Einsetzung eines Reichskommissars am 29. Oktober 1923 wurde die Regierung in Dresden zum Rücktritt gezwungen.

Dieser freie Platz entstand im 17. Jahrhundert durch Abriß einiger Gebäude vor dem Erbischen Tor. Er wurde im Laufe der Jahrhunderte »Roß-Markt« (1716), »Roßplatz« (1879, »Vor dem Erbischen Tor« (1883), »Postplatz« (1889) und »Bismarckplatz« (1925) genannt. 1895 hatte der Stadtrat im Grünstreifen des Postplatzes ein Bismarckdenkmal für den »Eisernen Kanzler«, der auch zum Ehrenbürger der Stadt ernannt wurde, errichten lassen, welches im Zweiten Weltkrieg zu Rüstungszwecken eingeschmolzen wurde. 1945 erhielt der Platz seinen jetzigen Namen in Erinnerung an das Blutbad der Reichswehr 1923. Ein um 1954/55 an gleicher Stelle aufgestelltes Denkmal für »den Führer des Weltfriedenslagers« Generalissimus Stalin wurde schon 1957 nach Chrustschows historischer Abrechnung in einer Nacht- und Nebelaktion wieder entfernt. 1998 weihten Studenten zur Erinnerung an das alte Bismarck-Denkmal am ehemaligen Standort eine Gedenktafel ein. - So vermitteln der Platz und die Geschichte seiner Denkmale in selten eindringlicher Art ein anschauliches Bild von der Wechselhaftigkeit deutscher Geschichte im 19. und 20. Jahrhundert.

Gedenktafel zur Erinnerung an den Standort des früheren Bismarck-Denkmals

Die Postkreuzung

Im unteren Kreuzungsbereich des Platzes finden wir das Postamt (Einweihung 1889) und die Sparkasse (erbaut 1895, Sparkasse seit 1946, rekonstruiert 1993-96) mit Tiefgarage.

Hornstraße

An der Hornstraße, benannt nach dem Bürgermeister Christian Siegismund Horn (1659-1736) – ihm wurde 1857 ein Brunnen gewidmet – befand sich einst das Freiberger Gaswerk. Als es zu Neujahr 1847 in Betrieb genommen wurde, war Freiberg die 20. Stadt in Deutschland und nach Leipzig und Dresden, die dritte in Sachsen, mit Gasversorgung. Zwei 1859 und 1874 angebaute Gasbehälter wurden 1893 zu Schwimmhallen umgebaut, vom Volksmund »Freiberger Wurstkessel« genannt.

Im Grünstreifen an der Hornstraße steht eine weitere Postmeilensäule.

ERBISCHE STRASSE

Die Hauptstraße der Stadt verläuft noch heute vom ehemaligen Erbischen Tor zum Ausgang des Schlosses Freudenstein. Seit 1389 ist die Bezeichnung Burggasse (für den nördlichen Teil) und seit 1396 Erbische Gasse (für den südlichen Teil) nachweisbar. Nachdem beide Straßenteile in den letzten Jahrzehnten in »Karl-Marx-Straße« umbenannt waren, tragen sie seit 1992 wieder ihre seit sechs Jahrhunderten historische Namen.
Das Erbische Tor war das Haupttor der Stadt, 1380 als porta Erlewina erstmals genannt. Von ihm führte die Straße nach Erbisdorf, 1338 als Erlwynsdorph urkundlich erwähnt. Nach alten Zeichnungen – auch Ludwig Richter hat es als Motiv gezeichnet – muß es ein stattlicher Bau gewesen sein. Im Dreißigjährigen Krieg wurde es 1639 zusammengeschossen, doch von 1670 bis 1674 wieder aufgebaut. Der Abbruch erfolgte 1846.

Auffallend ist am 1896 erbauten Eckgebäude zur Hornstraße die Darstellung eines Berg- und Hüttenmannes mit dem Freiberger Wappen und dem Symbol Schlägel und Eisen.

Gastmahl des Meeres – einst Gasthaus »Goldener Löwe« – Weberhaus
Erbische Straße Nr. 3 gehört seit 1678 zu den ältesten Gasthäusern der Stadt mit Schankberechtigung. Auf einer Tafel trägt ein Löwe in den Vorderpranken eine Schriftrolle mit dem Text: »Dieß gastl. Haus Stehet in Gottes Handt./Zum Gülden Löwen wirdt es genannt«. Mit seinem Vater war Carl Maria von Weber von September 1800 bis März 1801 hier einquartiert. Hier schrieb er seine erste Oper »Das stumme Waldmädchen«, die am 24. November 1800 am hiesigen Theater – allerdings ohne großen Erfolg – uraufgeführt wurde. Der Mittelerzgebirgische Sängerkreis widmete ihm eine Tafel zur Erinnerung. (Siehe auch S. 69).

Erbische Straße Nr. 14 weist mit einem goldenen Stern als Hauszeichen auf den von 1655 bis 1910 hier stehenden gleichnamigen Gasthof hin. Zu seinen Gästen hat auch Ludwig Richter (1803-1884) gehört, wenn er Motive der Bergstadt zeichnete.

Samuel-Klemm-Haus
Der »kunstreiche und weitberühmte« Goldschmied Samuel Klemm war Besitzer des frühbarocken Hauses Nr. 18. 1688 wiederaufgebaut, zeigt sein Erker Putten, Weinlaubgerank, Hasen und als Hauszeichen einen Anker. Aus der Werkstatt des Meisters Klemm stammt u.a. der im Grünen Gewölbe in Dresden ausgestellte Bergmannsschmuck des Kurfürsten Johann Georg II. (1613-1680, reg. ab 1656). Am 20. Juli 1670 erhielt Klemm kurfürstlichen Besuch in seiner Werkstatt. Eine Gedenktafel erinnert daran. Ein Haussegen wünscht: »Die Engel des Herrn behüten, bewahren dieses Haus; Alle, so bei Tag und Nacht hier gehen aus«. 1995 erfolgte die Rekonstruktion des Hauses in alter Schönheit.

Mit seinen vielfältigen Geschäften ist der Straßenzug Erbische Straße – Burgstraße teilweise als Fußgängerzone gestaltet und bildet mit dem Obermarkt das Zentrum der Stadt. Doch in der Petersstraße, um die Petrikirche, in der Weingasse, in der Meißner Gasse, rings um den Untermarkt und im Nikolaiviertel sind bereits weitere Einkaufsmöglichkeiten in der Altstadt entstanden.

Das Bergmanns-Denkmal
Seit 1913 der Bergbau im Freiberger Revier das erste Mal eingestellt wurde, erinnert ein Denkmal hinter dem Rathaus an die acht Jahrhunderte währende Bergmannsarbeit. Das Denkmal zeigt einen Bergmann in zeitgemäßem Habit, also in Bergkittel und Halbstiefel, mit Tscherpertasche (in der sich Schwamm und Feuerstein befanden), Messer und Geleucht dargestellt. Es ist eine Arbeit des Bildhauers L. Godenschweg. (Den Entwurf des Modells lieferte der einheimische Künstler Ernst Kaltofen (1841-1922), dessen bekannteste Arbeit der 1919 geschaffene Altar mit Friedensmotiven in der Taufkirche zu Langenau ist.)
Benachbart mahnt ein Spruch über der Eingangstür des Rathauses: »Du bist ein Nichts im Ganzen, wenn du ihm nicht dienst«.

Bergmannsdenkmal hinter dem Rathaus

Anna Selbdritt

St. Annenhaus
Das spätgotische Eckhaus Enge Gasse Nr. 1, erbaut 1511, schmückt heute eine Nachbildung der 1515 geschaffenen Darstellung der Mutter Anna. Sie trägt auf ihrem rechten Arm die mit Brautkranz geschmückte Maria, und links greift der Jesusknabe nach einem von Maria gereichten Apfel: »Anna selbdritt« – Anna, Maria, Jesus. Der Name des Meisters konnte noch nicht nachgewiesen werden. Das wertvolle Original, über Jahrhunderte Umweltbelastungen ausgesetzt, befindet sich leihweise in der Annenkapelle.

Interessant sind die Fenster: zur Engen Gasse ein spitzbogiges Fenster, zur Burgstraße Rechteckfenster mit Stabwerk.

Renaissanceerker-Haus

Renaissanceerker-Haus

An der Kreuzung zum Obermarkt fällt der Blick des Besuchers auf den Giebel des Patrizierhauses Burgstraße 5 mit seinem farbigen manieristischen Eckerker, der über zwei Stockwerke führt. Er wurde 1616 bis 1618 von Landbaumeister Simon Hoffmann geschaffen. Dadurch zählt dieses Haus zu den imposantesten Freiberger Bürgerhäusern der Spätrenaissance. Den Bauauftrag hatte der Ratsherr Johann Lindner erteilt.

Alexander-von-Humboldt-Haus

Im gegenüberliegenden Haus Weingasse 2, »im Eckzimmer der Beletage«, wohnte von Juni 1791 bis Februar 1792 Alexander von Humboldt (1769-1859). Aus Preußen kommend, deshalb als »Ausländer auf eigene Kosten studierend«, hatte er sich als 357. Student an der Bergakademie eingeschrieben: Ihn reizte die naturwissenschaftliche und bergmännische Ausbildung, und er hatte die Fächer Mineralogie, Probierkunde, Mathematik, Bergbau- und Maschinenkunde belegt. Als »Bergmann vom Leder« hat er mit Schlägel und Eisen in verschiedenen Gruben gearbeitet, und dieser Praxisbezug war für seine weitere Lebensgestaltung von wesentlicher Bedeutung. Besonders beeindruckt war er von den Vorlesungen Professor Werners, die geisteswissenschaftliche Darlegungen mit naturwissenschaftlichen Beobachtungen und Forschungen im freien Vortrag boten.

Humboldt lebte als Gast bei der Familie Carl Friedrich Freiesleben (1750-1805), der als Oberstollnfaktor tätig war. Mit dessen Neffen Johann Carl Freiesleben (1774-1846), als Student immatrikuliert unter Nummer 336, verband ihn eine lebenslange Freundschaft. Sie fuhren gemeinsam in die Gruben ein, registrierten unterirdisch wachsende Pflanzen und maßen die Temperaturen in verschiedenen Tiefen. 1995 wurde ihnen am ehemaligen Kuhschacht – heute Wernerplatz – ein Denkmal geweiht (siehe auch die Seiten 61 und 77).

Humboldt studierte gerade in jener Zeit, als das Amalgamierwerk in Halsbrücke weltweit für technische Bewunderung sorgte, Maschinendirektor Mende (1743-98) eine Wassersäulenmaschine auf der Grube »Siegfried« in Riechberg installierte und der Churprinz-Kanal mit dem ersten Kahnhebewerk der Welt die Studenten begeisterte. Durch dieses vielseitige Erleben von »theoria cum praxi« wurde Freiberg eine wichtige Station im 90 Jahre währenden Leben des Universalgelehrten und Forschungsreisenden.

Im repräsentativen Wohn- und Geschäftshaus Nr. 7 ist seit 1651 die 1595 gegründete Apotheke »Zum Goldenen Löwen« ansässig, die zweitälteste der Stadt. Im Flur der Apotheke ist zu lesen: »Ein großer Teil dieser Häuser ist an dem Jubelfeste Dr. Martin Luthers errichtet worden, in dem Jahre, in welchem die Gemeinde frohe Jubellieder anstimmte 1617«.

Novalishaus

Das Nachbarhaus Nr. 9 war das Wohnhaus des Berghauptmanns Johann Friedrich Wilhelm von Charpentier (1738-1805), der an der Bergakademie auch Vorlesungen im »geometrischen Zeichencolleg« und in Mathematik hielt.

In Charpentiers gastfreundlicher Wohnung weilte Friedrich Freiherr von Hardenberg (1772-1801) während seines Studiums in den Jahren 1797/99 oft als Gast. Dieser bedeutende Dichter der deutschen Romantik, der sich »Novalis« nannte, hat in seinen Romanen »Die Lehrlinge zu Sais« und »Heinrich von Ofterdingen« seinem verehrten Lehrer Werner ein literarisches Denkmal gesetzt. Auch läßt er einen Jüngling die »blaue Blume« suchen, die zum Symbol der Romantik wurde. Als Bergstudent hat er seine Arbeit unter Tage gewissenhaft ausgeübt. Novalis war verlobt mit Julie Charpentier (1776-1811), ist aber noch vor der Hochzeit verstorben. Eine Gedenktafel würdigt ihn.

Einst Fabrik für leonische Waren

An historischen Gebäuden fällt der Hauskomplex Burgstraße 22 an der Ecke Thielestraße auf, der als erster Fabrikbau der Stadt gilt. Für die von Thomas Weber 1693 (geb. 1663) im Hause Obermarkt 17 gegründete Fabrik Leonischer Waren fanden sich hier im Neubau genügend Produktionsräume. Unter leonischen Waren versteht man Produkte, deren Bezeichnung auf die spanische Provinz Leon zurückgeht, wo Mönche im Mittelalter aus feinsten Gold- und Silberfäden Altardecken und Meßgewänder anfertigten. Später nahm man feinste Drähte aus Kupfer, die mit Gold oder Silber hauchdünn überzogen zu Metallgespinsten, Stickereien, Tressen, Borten, Klöpppelspitzen usw. verarbeitet wurden. Die Kaufmannsfamilie Thiele führte jahrzehntelang erfolgreich die Gold- und Silbermanufaktur. Später hat die Firma ihre Produktionsräume an die Berthelsdorfer Straße verlegt. Auch in der Marktwirtschaft hat sich die Firma Thiele und Steinert ein solides Standbein erworben und ist als Freibergs älteste Manufaktur »noch immer auf Draht«.

Der Kunsthandwerkerhof »Goldener Adler«

Im Haus Nr. 19, dem einstigen Gasthof »Goldener Adler«, betrieb der Wirt von 1693 bis 1708 die Postmeisterei. Karl Christian Gärtner (1712-1791), Sohn des Postmeisters David Gärtner, wurde als Dichter der Aufklärung bekannt und lehrte am Carolinum in Braunschweig. Seit 1999 befindet sich im rekonstruierten Gebäude ein Kunsthandwerkerhof mit Zunftstube. Zinngießer, Blaudrucker, Porzellanmaler und weitere Handwerker stellen ihr Gewerbe vor. Räume für Textil- und Volkskunst beleben das Gebäude. Im Erdgeschoß wurden interessante Wappendarstellungen freigelegt.

Brendelhaus

Eine schlichte Gedenktafel weist am Hause Nr. 21 auf die Wohnung Christian Friedrich Brendels (1776-1861) hin. Brendel, ein genialer Techniker, war von 1811 an als Kunstmeister im Freiberger Revier und seit 1817 als Maschinendirektor im hiesigen Oberbergamt für das erzgebirgische Bergwesen tätig. Zu seinem Verantwortungsbereich gehörten alle Neuentwicklungen im Erz- und Steinkohlenbergbau. Er selbst konstruierte neben der ersten Dampfmaschine für den sächsischen Bergbau auch Wassersäulenmaschinen und Hüttengebläse. Das von ihm entworfene »Schwarzenberggebläse« steht seit 1936 als technisches Denkmal auf der Grube Alte Elisabeth (siehe Seite 83). Brendel hat 1829 die erste Eisenschienenbahn in Sachsen eingeführt.

DER SCHLOSSPLATZ

Schloß Freudenstein

Vor dem wappengeschmückten Hauptportal des Schlosses führt eine Steinbrücke über den Schloßgraben. Der bröckelnde Putz am Schloßkomplex, der die Nordseite des Platzes abschließt, erinnert nicht mehr daran, daß in seinen Gebäuden Herzog Heinrich der Fromme residierte und Ende des 16. Jahrhunderts ein Renaissanceschloß Mittelpunkt fürstlichen Lebens war. Bereits im Siebenjährigen Krieg (1756/63) in Mitleidenschaft gezogen, wurde das Schloß von 1784 bis 1804 zu einem Militärmagazin umgebaut, später als Speicherbau genutzt. Ab 1990 befand es sich im Besitz des Freistaates Sachsen. 2001 fand es einen neuen Besitzer, der bestimmte Gebäude als IT-Akademie (Intelligente Technologien) zur Ausbildung von Stipendiaten zu nutzen geplant hat. Vorgesehen sind weiterhin u.a. die Einrichtung eines Juniorhotels und eines Gastronomiebereiches.

Vorläufer des heutigen Schlosses war die 1171 bis 1175 zum Schutz der Bergbausiedlung durch Markgraf Otto errichtete Burg. Jüngste Ausgrabungen stießen auf Mauern des ersten Bergfriedes. Von 1503 bis 1539 residierte Heinrich der Fromme im Schloß, in dem sich auch das Silberbrennhaus und von 1244 bis 1556 die kurfürstliche Münze befand. Hier wurden auch seine Söhne Moritz und August geboren. Kurfürst August ließ 1565 die baufälligen Gebäude abbrechen und von 1566 bis 1579 durch die Baumeister H. Irmisch und A. Lorenz das heutige Renaissanceschloß bauen.

Als besonderen Gast Augusts des Starken und der Stadt beherbergte es den russischen Zaren Peter I. (1672-1725), der vom 21. bis 23. September und vom 17. bis 19. Oktober 1711 hier weilte. 2000 Knappen boten ihm mit Fackeln einen festlichen Bergaufzug und überreichten hölzerne Tröge mit Silbererzen und anderen Mineralien. Beim zweiten Besuch fuhr er auf dem Berggebäude »König August Erbstolln« zu Niederschöna ein, arbeitete vor Ort mit Schlägel und Eisen und gewann einige Erzstufen. Der Zar spendierte den Freiberger Knappen zehn Fässer Wein zu je 50 Taler, die sie auf seine Gesundheit leerten.

Am Fortuna-Brunnen (siehe S. 22) stellte B. Göbel auch das Porträt von Gottfried Silbermann dar.

Das Silbermannhaus

Die Ostseite des Schloßplatzes füllt zwischen Kirchgasse und Brennhausgasse ein dreigeschossiges Haus mit einem zweietagigen Walmdach aus. Einst hatte hier die Schloßwache ihren Sitz und war deshalb als »Reiterhaus« oder »Regimentswache« bekannt.

In diesem Hause richtete 1711 der am 14. Januar 1683 in Kleinbobritzsch bei Frauenstein geborene Gottfried Silbermann seine Orgelwerkstatt ein. In Straßburg hatte er bei seinem Bruder Andreas (1678-1734) das Orgelbauhandwerk erlernt und war als Meister freigesprochen worden. Straßburg und Freiberg teilen sich heute den Ruhm, je eine Silbermannwerkstatt in ihren Mauern beherbergt zu haben. Im rekonstruierten Gebäude hat die »Silbermann-Gesellschaft«, die das Erbe des Meisters pflegt, ihren Sitz.

Als »Königlich-Polnischer und Churfürstlich-Sächsischer Hoff- und Land- Orgelbauer« fertigte Silbermann 44 Orgeln an, von denen Freiberg allein vier besitzt: zwei im Dom (die große 1714 vollendete und die 1718/19 für die Kirche St. Johannis erbaute, sie wurde 1939 in den Dom überführt) und je eine in den Kirchen St. Petri (1734/35) und St. Jakobi (1716/18). 31 seiner Orgeln sind bis heute erhalten, u.a. besitzen auch die benachbarten Dorfkirchen in Forchheim, Frankenstein, Großhartmannsdorf, Helbigsdorf, Hilbersdorf, Nassau, Niederschöna, Oberbobritzsch und Pfaffroda Silbermann-Orgeln.

Berufungen ins Ausland, so nach St. Petersburg und Kopenhagen, lehnte Silbermann ab: Er wollte »sein Vaterland vorziehen und seinen Aufenthalt in Freiberg behalten«. Er starb am 4. August 1753 während der Arbeit an der Orgel für die Katholische Hofkirche in Dresden. Seine letzte Ruhestätte fand er auf dem Johannes-Friedhof zu Dresden. Das Grab ist nicht mehr erhalten.

Das ehemalige Dominikanerkloster

Die dem Schloß gegenüberliegende Häuserreihe war einst auch die Begrenzung des Dominikanerklosters, welches um 1233 urkundlich erwähnt wurde. Der Lesemeister des Klosters Dietrich von Freiberg (um 1240 – um 1311, Leiter der Ordensprovinz Deutschland der Dominikaner, Professor an der Sorbonne in Paris, Autor zahlreicher Bücher) entwarf die erste Regenbogentheorie. Auch der Minnesänger Heinrich von Freiberg (er vervollständigte nach dem Tode Hartmann von Aues um 1285/90 das mittelhochdeutsche Versepos Tristan und Isolde) hat frühzeitig bedeutende Beiträge zur deutschen Kulturgeschichte geleistet.
Der Klosterbereich erstreckte sich bis zur heutigen Prüferstraße (benannt nach dem Kaufmann Johann Friedrich August Prüfer, gest. 1864 in Leipzig) und umfaßte eine Kirche, ein Wohngebäude für die Mönche, ein Backhaus, eine Brauerei und einen Garten. Das im Kloster benötigte Wasser wurde durch eine spezielle Leitung aus den Waldgrundstücken des Johannishospitals zugeführt. Die Stadtbrände von 1375, 1386, 1471 und 1484 haben die Einrichtungen mehrfach zerstört. Die zurückreichende Häuserfront an der Nordseite der Prüferstraße markiert noch heute die Lage und Größe der Klosterkirche.

Das Haus Schloßplatz Nr. 1 beherbergte von 1937 bis 1980/82 das Sächsische Geologische Landesamt und seine Nachfolgeeinrichtungen »Geologischer Dienst« und »VEB Geologische Forschung und Erkundung«. Hier war die Wirkungsstätte des Geologen Kurt Pietzsch (1884-1964).

Freiberg pflegt Traditionen

Am Rande des Schloßplatzes ist ein Denkmal den Freiberger Turnern, Studenten und Bergleuten gewidmet, die in den revolutionären Maitagen des Jahres 1849 zum Barrikadenkampf nach Dresden marschierten (Bildhauer G. Kohl). Der Freiberger Amtmann Otto Leonhard Heubner (1812-93) war Mitglied der Provisorischen Regierung (siehe Seite 65).

Das Winkler-Denkmal

Das Werner-Denkmal

In den Parkanlagen befinden sich Denkmale für die Professoren Winkler (Würdigung siehe Seite 49) und Werner (Würdigung siehe Seite 50). Das Werner-Denkmal wurde am 30. Juni 1851 enthüllt, die Büste stammt von Ernst Rietschel (1804-61), gestiftet von Graf Detlev von Einsiedel (1773-1861), der Sockel von E. Heuchler, gestiftet von Leopold von Buch. In der Gestaltung der Anlage wird u.a. mit den das Denkmal umrahmenden Basalten, verschiedenen Gneisen, kristallinen Kalksteinen (Marmoren) und Quarziten an den seinerzeitigen wissenschaftlichen Streit der Neptunisten und Plutonisten erinnert. Das Winkler-Denkmal (von Prof. Carl Seffner), Erstenthüllung am 8. Oktober 1910 auf dem Schloßplatz, wurde nach erfolgter Restauration mit italienischem Marmor in alter Schönheit nun an seinem dritten Standort in den Parkanlagen aufgestellt. Das Oberteil trägt wieder das Medaillon des Entdeckers des Elements Germanium und im unteren Teil zeigt eine allegorische Darstellung wie Mutter Wissenschaft ihre Kinder an die Chemie heranführt.

Das am unteren Kreuzteich 1896 errichtete »Schwanenschlößchen« erfreute sich bis 1973 sommers wie winters allgemeiner Beliebtheit. Der Fachwerkbau spiegelte sich romantisch im Kreuzteich und hob sich vor der eintönigen Schloßsilhouette ab. Der Wirt verwaltete Boote für den Gondelbetrieb und betreute im Winter die Eisbahn. Ab Ostern 1897 ließ der Pächter sogar ein zwei PS - Motorboot über den Kreuzteich tuckern. Seit Mai 2002 lädt der Neubau erneut die Besucher zur Einkehr ein.

Gaststätte »Schwanenschlößchen« am unteren Kreuzteich

Das ehem. Kreuztor
Den Zugang zum Schloßplatz sicherte einst das zwischen den Kreuzteichen gelegene Roßweiner Tor, 1291 »Porta Ruswinensis«, später »Kreuztor« genannt. Eine Kapelle »Zum Heiligen Kreuz« hat um 1331 einigen der einst zehn Teiche ihre Bezeichnung gegeben. Heute sind noch vier vorhanden. Das Tor wurde 1816 abgetragen. Ein 1850 nach einem Entwurf von E. Heuchler errichteter Kreuzbrunnen wurde wieder repariert.

WALLSTRASSE

Vom ehemaligen Roßweiner Tor verläuft die Wallstraße zum Peterstor. Sie verdeutlicht in diesem Bereich den Verlauf der mit Türmen und Erkern bewehrten dreifachen Stadtmauer, die außerdem von einem Wassergraben und den vorgelagerten Teichen als erste Schutzzone gesichert war. Zwischen den fünf Stadttoren standen 39 Türme rings um die Altstadt. Im ältesten Stadtplan Freibergs aus dem Jahre 1554, erschienen in Sebastian Münsters (1488-1558) »Cosmographia universa« 1572, ist diese Anlage gut erkennbar. In Kriegszeiten wurden die Bürgerschützen der Handwerkerinnungen auf die Türme verteilt: Fleischer, Leineweber, Tischler, Kürschner, Tuchmacher, Stellmacher, Tuchscherer, Messerschmiede, Schuster, Bäcker, Schmiede, Schneider, Barbiere, Zimmerleute, Maurer, Riemer, Töpfer, Beutler, Sattler, Seiler, Böttcher und natürlich Bergleute verteidigten die Stadt jeweils bei »ihrem« Turm. Diese von Kurfürst Moritz 1545 angeordnete exakte Organisation bewährte sich besonders bei der Verteidigung der Stadt gegen die Schweden.

DIE NONNENGASSE

Die Straße erhielt ihren Namen vor 1420 nach dem Wohnhaus der Sepulturnonnen, im Volksmund »Polternonnen« genannt. Sie waren Beginen, welche – »ohne der Welt gänzlich zu entsagen« – sich den Regeln eines Ordens unterworfen hatten und sich der Krankenpflege und der Leichenbesorgung widmeten.

GESCHICHTE UND SAGE

Der Stadtbrand 1484
Am 19. Juni 1484 brach bei einem Kupferschmied in der Nonnengasse ein verheerendes Großfeuer aus. Nicht nur das Viertel mit dem Kloster, sondern alle Häuser am Untermarkt und die Nikolaikirche fielen den Flammen zum Opfer, der Dom brannte aus, und bis zum Obermarkt und zur Petrikirche wütete das Feuer. Der Chronist Möller schrieb, es habe »keine Rettung mehr helfen wollen«. In gerade drei Stunden war die Stadt in Schutt und Asche versunken. Nur wenige Häuser in der Meißner Gasse sowie einige Straßenzüge in der Sächsstadt mit dem Jungfrauenkloster und der ältesten Kirche Freibergs, St. Jakobi, waren verschont geblieben. Elf Menschen kamen in den Flammen um. Doch schon bald entstanden durch Bürgerfleiß die Häuserreihen aufs neue.

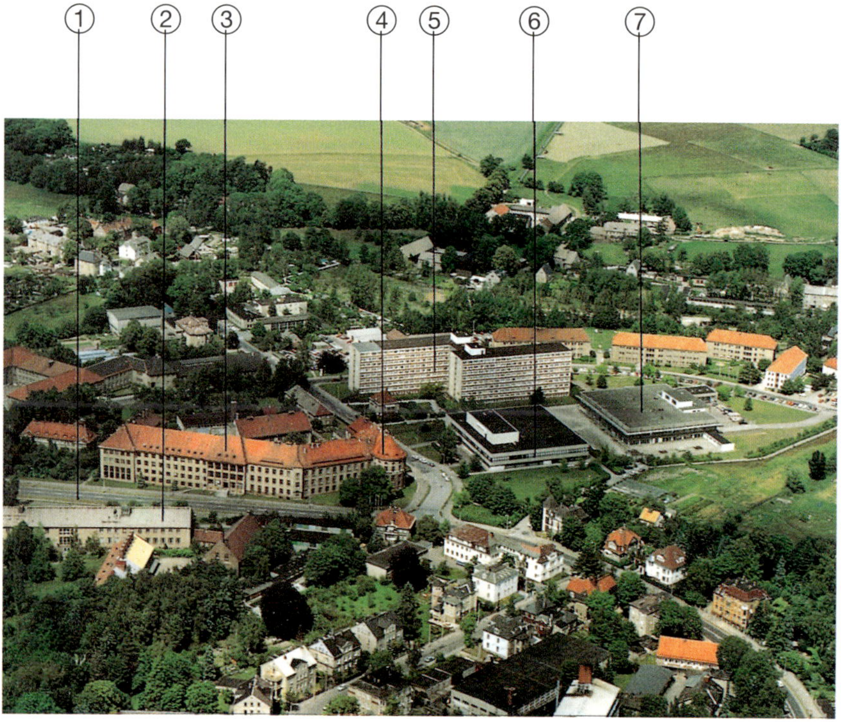

Campus der Technischen Universität

1 Leipziger Straße
2 Gellert-Bau
3 Rammler-Bau
4 Kegel-Bau
5 Studenteninternate
6 Universitätsbibliothek »Georgius Agricola«
7 Mensa

Helmerthaus
Am Hause Nonnengasse 17 erinnert eine Gedenktafel daran, daß hier Friedrich Robert Helmert am 31. März 1843 geboren wurde. Er besuchte die Freiberger Knabenbürgerschule und studierte später Ingenieurwissenschaften. Als Mitarbeiter am Lehrstuhl für Geodäsie der Polytechnischen Schule Dresden (später Technische Hochschule) war er maßgeblich an der Errichtung des Triangulationsnetzes in Sachsen beteiligt. Nach dem Studium und der Promotion in Leipzig wurde er 1870 zum Professor für Geodäsie an die Polytechnische Schule in Aachen berufen. Seit 1887 war Helmert Direktor des Geodätischen Institutes in Berlin und Leiter des Zentralbüros der Internationalen Erdmessung. Am 15. Juni 1917 verstarb dieser berühmte Sohn Freibergs in Potsdam. Bekannt wurde er als »Begründer von Theorien zur Erforschung der Erdfigur«.

DIE TECHNISCHE UNIVERSITÄT BERGAKADEMIE FREIBERG

Eine Hochschule mit Tradition und eine Universität mit Zukunft

Mit ihrem Gründungsjahr 1765 ist die Bergakademie Freiberg die älteste montanwissenschaftliche Hochschule der Welt und die traditionsreichste der vier Universtäten des Freistaates Sachsen. Herausragende wissenschaftliche Persönlichkeiten begründeten ihren Weltruf.

1992 erhielt die Bergakademie Freiberg den Status einer Technischen Universität. Die Pressestelle der TU BA informiert: Die TU Bergakademie Freiberg versteht sich heute als eine Universität der geschlossenen Stoffkreisläufe bei nachhaltiger Nutzung der Ressourcen. Ihre Lehr- und Forschungsinhalte sind seit ihrer Gründung immer am industriellen Umfeld orientiert. Ihr Profil umfasst in einmaliger Weise den gesamten Weg von der Rohstofferkundung und -gewinnung über die verfahrenstechnische Stoffwandlung bis zum Werkstoffeinsatz und zum Recycling, der umweltgerechten Entsorgung und der Energieforschung. Dabei werden auch ökonomische und ökologische Aspekte berücksichtigt.

Die TU BA bildet z.Zt. Studenten in 23 Diplomstudiengängen aus, darunter fünf konsekutiv aufgebaute Studiengänge mit der Möglichkeit des Bakkalaureusabschlusses. Es dominieren die Studiengänge in den Gebieten Mathematik und Naturwissenschaften, Geowissenschaften und Geoingenieurwesen, Ingenieurwissenschaften und Wirtschaftswissenschaften aus. Praxisbezug, interdisziplinäres Arbeiten und Umweltorientierung sind wichtige Kriterien der Ausbildung. Die Freiberger Qualität spiegelt sich zunehmend in den vorderen Plätzen bei verschiedenen Hochschulrankings wieder.

Im Wintersemester 2002/03 zählte die TU BA 4053 eingeschriebene Studenten, davon 1537 weibliche Studierende und 627 ausländische Studierende. Die Immatrikulationsnummer liegt bei 44 508. (Trebra war 1766 Student Nr. 1, Mary Hegeler aus den USA 1885 mit Nr. 3378 die erste Studentin).

Gründungsgebäude

Das Gründungsgebäude der Bergakademie

Das Haus Akademiestraße 6 beherbergt als Hauptgebäude der TU Bergakademie das Rektorat und weitere Diensträume. Hier begann Ostern 1766, (wohl am 1. April), der Lehrbetrieb der damals »Chursächsischen Bergakademie«. Am 13. November 1765 hatte Xaver (1730-1806), der sächsische Prinzregent und Administrator von 1764 bis 1768 für den unmündigen Kurfürsten Friedrich August III. (1750-1827), dem von Generalbergkommissar Friedrich Anton von Heynitz (1725-1802) und Oberberghauptmann Friedrich Wilhelm von Oppel (1710-1769) ausgearbeiteten Plan zur Gründung der Bergakademie zugestimmt. Von Oppel bestimmte sein Haus zum Sitz der Akademie und stellte drei Räume im Erdgeschoß zur Verfügung: als Hörsaal, zur Aufnahme der Mineraliensammlung und der Bibliothek. Die ersten Vorlesungen erfolgten im mathematischen und chemischen Colleg. Von 1784 bis zu seinem Tode bewohnte der berühmteste Hochschullehrer Freibergs, Abraham Gottlob Werner (1749-1817) der Begründer der geologischen Wissenschaften, den ersten Stock. 1792 ging das Gebäude in den Besitz der Bergakademie über, 1855 wurde es unter Leitung von Professor E. Heuchler umgebaut und um ein Stockwerk erhöht.

Historisches Kabinett und Karzer

Historisches Kabinett und Karzer

Alle Gebäude dieses Hauskomplexes im Geviert Nonnengasse und Prüferstraße gehören zur Bergakademie. Nonnengasse 22 beherbergte bis zum Bau der Bibliothek »Georgius Agricola« von 1818 bis 1979 die Hochschulbücherei. Heute befindet sich hier der Senatssaal und das Historische Kabinett der Bergakademie. Dank ihrer nahezu 230-jährigen Geschichte verfügt die Bergakademie über weltweit einmalige historische, wissenschaftliche Sammlungen und Einrichtungen. In verschiedenen Räumen wird die Vorgeschichte und die Entwicklung dieser ältesten montanwissenschaftlichen Hochschule der Welt dargestellt. Unter dem Dach kann der restaurierte Karzer besucht werden. An seinen Wänden hinterließen Studenten, die noch im vorigen Jahrhundert wegen Ordnungswidrigkeiten kurzzeitig in Gewahrsam gehalten wurden, ihre Bemerkungen.

Im Hause Prüferstraße 9 war von 1893 bis 1919 die Bergschule Freiberg untergebracht. Bereits 1776 als »Bergmännische Zeichen- und Rechenschule« gegründet, bildeten Professoren der Akademie und berufene Lehrer bis 1924 mittleres technisches Personal aus.

Der Senat ehrt Wissenschaftler

Am Hauptgebäude würdigen Gedenktafeln die Verdienste der Gründer F.A. Heynitz und F.W. von Oppel, der Professoren A.G. Werner (Begründer der geologischen Wissenschaften), J.L. Weisbach (Mitbegründer des Wissenschaftsgebietes

Technische Mechanik und Begründer des modernen Markscheidewesens), G. A. Zeuner (Reformer der Bergakademie und Lehrer für Bergmaschinenlehre) und L. von Buch (berühmter Schüler Werners und Geologe). Weitere Wissenschaftler der Bergakademie werden mit Gedenktafeln für ihre Leistungen an ihren Wirkungsstätten oder Wohnhäusern geehrt. Als Beispiel seien die Tafeln zur Ehrung von Erich Rammler (1901-1986) genannt: am »Rammler-Bau« an der Leipziger Straße, am Institut auf der Grube Reiche Zeche und am Hause Richard-Wagner-Straße 12. Er lehrte als Nachfolger von Karl Kegel von 1949 bis 1966 an der Bergakademie Wärmewirtschaft, Brennstofftechnik und Brikettierung. Mit Professor Georg Bilkenroth (1898-1982) entwickelte E.Rammler ein Verfahren zur Gewinnung von Braunkohlen-Hochtemperaturkoks, mit dem in der DDR der Mangel an Steinkohlenkoks ausgeglichen werden sollte. Die Braunkohlekokerei Lauchhammer arbeitete ab 1952 nach diesem Verfahren.

Blick durch die Traditionspforte zu den Studentenwohnungen, links die Bibliothek, rechts die Mensa

Das Hochschulgelände

Das Hochschulgelände der Bergakademie hat sich längs und parallel der Leipziger Straße bis zur Winklerstraße ausgedehnt. Neben Neubauten von Instituten für die Braunkohlenforschung (1928), für Maschinenkunde (1952), Chemie (1954), Metallhüttenkunde (1955), Tagebaukunde, Eisenhüttenkunde(1956),Gas,Geologie(1958), Bergmaschinenbau (1959), Formgebung (1960), Brikettierung (1961), Mathematik (1961), Geophysik (1963) und Metallkunde (1963) entstanden im Campus auch 1980 die heutige Universitätsbibliothek »Georgius Agricola«, die Mensa und Studentenheime. Die TU verfügt über 90 Hörsäle und Seminarräume, rund 80 Technika und 56 Labors.

Um das Bild Freibergs als Stadt der Lehre und Forschung abzurunden, sollen weitere seit Jahrzehnten weltweit bekannte Forschungseinrichtungen genannt werden: das 1956 gegründete Deutsche Brennstoffinstitut und der VEB Geologische Forschung und Erkundung an der Halsbrücker Straße, ferner das Forschungsinstitut für Nichteisenmetalle an der Lessingstraße und das Forschungsinstitut für Aufbereitung an der Chemnitzer Straße. Letzteres wurde 1991 als Institut der Akademie der Wissenschaften der DDR »abgewickelt«. (Über das Forschungsinstitut für Leder- und Kunstledertechnologie siehe Seiten 66 und 79)

Die Winkler-Gedenkstätte im Hause Brennhausgasse 5

Als sich 1986 die Entdeckung des Elements Germanium durch den Freiberger Chemiker Clemens Winkler (1834-1904) zum 100. Male jährte, gestaltete die Bergakademie in den Räumen des alten chemischen Laboratoriums eine ständige Ausstellung über diesen großen Sohn der Stadt.

Winkler entdeckte das Element bei Untersuchung des Minerals Argyrodit von der Grube »Himmelsfürst«. Nach dessen Eliminierung bestätigte er die Vorhersagen für Ekasilicium im von D. I. Mendelejeff (1834-1907) aufgestellten Periodischen System der Elemente. Beide trafen sich 1894 in Freiberg. Die Ausstellung verweist auch auf die weiteren Leistungen Winklers bei der Herstellung von Schwefelsäure nach dem Kontaktverfahren, zur technischen Gasanalyse und zur Umweltgeochemie. Um 1570 errichtet, hat das Gebäude sein charakteristisches Rundbogenportal und das Kreuzgewölbe mit einer Mittelsäule im Hausflur bewahrt. Als ehemaliges Silberbrennhaus diente es zur Gewinnung von Reinsilber. Zeitweilig hatten auch die Hofjäger hier ihren Sitz. Auch der Nestor der Ingenieurökonomie Professor Günter Hollweg (1902-1963) wirkte hier.

Das Haus Brennhausgasse 8 beherbergte ab 1876 das von Professor Adolf Ledebur (1837-1906) eingerichtete Laboratorium für Eisenhüttenkunde der Bergakademie. Er erkannte die Notwendigkeit, für eine qualitativ bessere Forschung diesen Wirtschaftszweig aus der Chemie herauszulösen und zu verselbständigen.

DER ABRAHAM-GOTTLOB-WERNER-BAU

Eingang zum Werner-Bau (Mineraliensammlung)

Bereits das Portal des Hauses Brennhausgasse 14 läßt mit seinen geowissenschaftlichen und bergmännischen Motiven und den Büsten der Wissenschaftler Werner und Breithaupt auf die Heimstatt der weltberühmten Mineraliensammlung der TU Bergakademie schließen. Die der Lehre und Forschung dienende Sammlung mit heute 80 000 Mineralstufen ist ein besonderer Anziehungspunkt für Freiberg-Besucher aus aller Welt. In sachkundigen Führungen wird »in der größten geowissenschaftlichen Universitätssammlung Deutschlands« auf Besonderheiten aus aller Welt hingewiesen. In der dritten Etage des Hauses befinden sich, in Vitrinen übersichtlich geordnet, die Elemente, Sulfide, Oxide, Halogenide und Sauerstoffsalze nach wissenschaftlichen Kriterien (chemisch, mineralogisch

Blick in die Sammlung des Abraham-Gottlob-Werner-Baus

und paragenetisch) geordnet. 8000 Stufen stammen noch aus der Sammlung von Abraham Gottlob Werner, der von 1775 bis 1816 als Lehrer für »Berg-Bau-Kunst und Mineralogie und Inspektor bey der Berg-Akademie« tätig war und u.a. ein System zur Bestimmung von Mineralien entwickelte.

Eine Gedenktafel erinnert am Hause an den Professor für Mineralogie Bergrat Carl Friedrich Mohs (1773-1839), der von 1818 bis 1826 in Freiberg an der alma mater lehrte und nach dessen »10stufiger Ritzhärteskala« heute noch gearbeitet wird.

In der Reihenfolge von 1 bis 10 werden die Minerale Talk, Gips, Kalkspat, Flußspat, Apatit, Feldspat, Quarz, Topas, Korund und Diamant aufgeführt und jedes kann das vorherige ritzen.

Beispiel für zeitgemäße Forschung zur nachhaltigen Energieversorgung: Prof. Dr.-Ing. Bernd Meyer, Institut für Energieverfahrenstechnik, am Energiepark Reiche Zeche.

DER DOM VON ST. MARIEN UND DAS VIERTEL UM DEN UNTERMARKT

Im Schnittpunkt zweier bedeutender Handelsstraßen entstand hier der Untermarkt, in der Vergangenheit auch der »Alte Markt« genannt, der zum Kern einer Bürgersiedlung wurde, die zum Burglehn gehörte. Bereits im 12. Jahrhundert diente die damalige romanische Basilika als Kirche des Burglehns. Nach dem Stadtbrand von 1484 entstanden repräsentative Bürgerhäuser am Untermarkt, der wegen des Verkaufs von Äschen, Zinkwannen und Töpfen im vorigen Jahrhundert auch »Aschmarkt« hieß. In den letzten zehn Jahren ist in Verbindung mit der Neugestaltung des Gerberviertels durch Rekonstruktion oder Abriß und Neuaufbau ein freundliches Marktbild entstanden. Ein von Gottfried Kohl gestalteter Gerberbrunmnen (der erste für diesen Berufszweig in Deutschland) hält die Tradition an diesen für Freiberg bedeutenden Beruf lebendig. Geschäfte, Cafés und ein Kaufhaus gestalten das Untermarkt-Viertel attraktiv.

DER DOM ST. MARIEN

Wenn man in Freiberg durch die Kirchgasse auf den Dom mit seinen ungleichen Turmansätzen schaut, ist man aus diesem Blickwinkel von seinen schlichten Formen überrascht – die Dominanz hoch aufragender Türme fehlt. Aber vom Untermarkt, vom Mühlgraben, von der Kreuzgasse, noch besser beim Blick von den Halden »Alte Elisabeth« oder »Reiche Zeche« aus sieht man, daß sein Satteldach »wie eine feste Burg« das Altstadtviertel weit überragt und wie klein und wie niedrig sich die Häuser um ihn einordnen.

Deckenbemalung im Dom St. Marien

Seine jetzige Gestalt entstammt dem Wiederaufbau des Domes nach dem Stadtbrand 1484 (fertiggestellt 1501). Den Auftrag des Kollegiatstiftes erhielt »Johann Falkenwaldt, bau meister der kirchenn unser lieben frawe zu freibergk«. Die Finanzierung erfolgte durch eine großzügige päpstliche Ablaßgewährung, so in Form von »Butterbriefen«. Vier Jahre vor dem Brand hatte Papst Sixtus IV. die häufigen Bitten der wettinischen Regenten erfüllt und die Kirche zu einer Kollegialstiftskirche, und damit zum Dom, erhoben. Bischof Johann V. vollzog am 14. August 1480 den Weiheakt.

Dom St. Marien

Schon beim Durchschreiten der Vorhalle vermittelt der Gesamteindruck dem Besucher die »ganze Pracht und Herrlichkeit einer der schönsten spätgotischen Hallenkirchen nicht nur des Erzgebirges, sondern ganz Sachsens«. Zehn achteckig gekehlte Pfeiler stützen die mit Ornamenten bemalte 20 m hohe Decke der dreischiffigen spätgotischen Kirche, die auch in den Seitenschiffen 20 m hoch ist, wobei das Netzgewölbe den Eindruck von Höhe und Weite verstärkt. Die Figuren der klugen und törichten Jungfrauen an den Pfeilern des Hauptschiffes haben absoluten Seltenheitswert. Philipp Koch, der Schnitzer der Apostel, schuf im 16. Jahrhundert Gestalten von schöner Eigenart. Im 15. und 16. Jahrhundert gab es die bedeutende Freiberger Schule der Schnitzer und Maler (siehe dazu die Ausstellung zur sakralen Kunst im Stadt- und Bergbaumuseum). Meister Philipp Koch gehörte führend dazu. Die umlaufende Empore, typisch für die erzgebirgischen Hallenkirchen, bindet das 40 m lange Kirchenschiff zusammen.

DOM ST. MARIEN

Grundriß

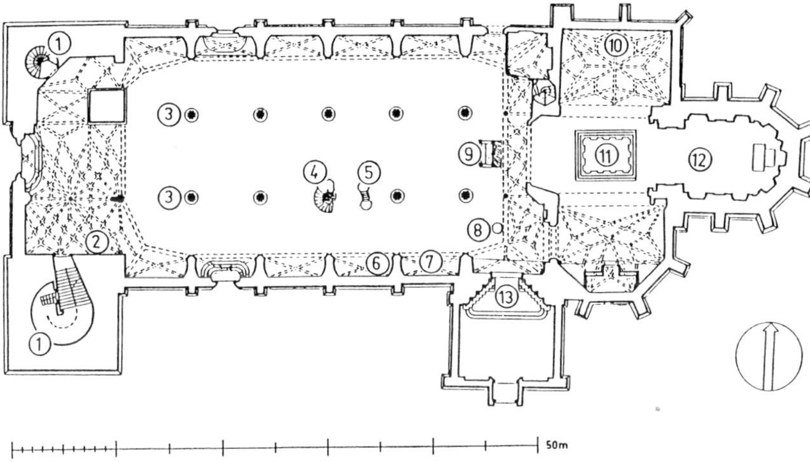

1 Wendelsteine
2 Epitaph A. v. Schönberg
3 Pfeilerreihen
4 Bergmannskanzel
5 Tulpenkanzel
6 Pieta
7 Knappschaftsgestühl
8 Taufstein
9 Altar
10 Zinnsärge
11 Moritzmonument
12 Epitapharchitektur von Nosseni
13 Goldene Pforte

(Vorlage nach Magirius, Der Dom zu Freiberg)

Die Triumphkreuzgruppe

Von der romanischen Vorgängerkirche St. Marien sind außer soliden Seitenwänden des Chores aus Gneisbruchsteinen an der Westseite, den Ostwänden des Chorhauses und dem Bogen der nördlichen Querapsis besonders die Eichenholzplastik der Triumphkreuzgruppe um 1225 und die »Goldene Pforte« erhalten geblieben. Sie zeigen noch heute, wie reich und schön diese Kirche geschmückt war. Nach Restaurierung im Jahre 1965 hat die romanische Kreuzigungsgruppe mit Christus, Maria und Johannes ihren dominierenden Platz erhalten. Die Ähnlichkeit zu den Kreuzigungsgruppen in Wechselburg und Halberstadt ist erkennbar.

Goldene Pforte

Die Goldene Pforte

Wer das berühmte Figuren- und Gewändeportal, die »Goldene Pforte« (das ursprüngliche Hauptportal am Westeingang der romanischen Marienkirche), aus Grillenburger Sandstein geschaffen hat, ist unbekannt. Ludeger (gest. 1234), seinerzeit der 6. Abt von Altzella, könnte der geistige Inspirator gewesen sein. »Durch Darstellungen am Portale zu Chartres oder des Domes zu Magdeburg mag der Künstler wohl Anregungen erhalten haben, aber hier schuf das Genie des Meisters aus Bruchstücken eine neue Welt«, würdigte der verdienstvolle Stadtbaumeister Gustav Rieß (1871-1932) 1931 das Kunstwerk. Farbig in Rot und Gold gestaltet, muß das Portal in seiner Gesamterscheinung noch imponierender gewirkt haben. Es wird heute als ein bedeutender Höhepunkt der romanischen Kunst Deutschlands gewertet. Nach Dehio »ist es an Pracht selten, an innerem Adel niemals mehr überboten« worden. Seine Gewändefiguren stellen links Daniel, die Königin von Saba, Salomo und Johannes den Täufer dar, rechts Aaron, Bathseba, David und Johannes den Evangelisten. Im Tympanon, dem Feld über der Tür, ist die Anbetung der Gottesmutter Maria mit dem Jesuskind und dem Verkündigungsengel dargestellt. Die Archivolten zeigen Motive bis zur Auferstehung im äußersten Bogen. 1903 entstand an der Südseite im Jugendstil ein Vorbau, um die Pforte vor weiterem Zerfall (durch Luftverschmutzung) zu bewahren.

Das Altarbild

Das Altarbild stellt das Abendmahl Jesu mit seinen Jüngern dar. Weiterhin sind Freiberger Bürger im Vordergrund abgebildet, die das Abendmahl auf lutherische Art, also mit Wein und Brot empfangen. Der Annaberger Münzmeister Matthäus Rothe hat das Bild 1560 gestiftet, ein Schüler von Lukas Cranach dem Älteren gefertigt.

Tulpen- und Bergmannskanzel im Dom St. Marien

Die Tulpenkanzel

Eine großartige Schöpfung ist H. W. (wohl Hans Witten, geb. um 1470, gest. nach 1522) um 1505 mit der Tulpenkanzel aus Tuffstein gelungen. Die Diskussion, ob ein Schatzbaum oder eine Tulpe (die zu jener Zeit in unseren Landen noch unbekannt war!) dargestellt wurde, hat lange Zeit Fachleute und Besucher bewegt. Sie gleicht wirklich einer »kolossalen Tulipane«, einem aloeartigen Gewächs. Ihren Kelch schmücken Büsten der frühchristlich-römischen Kirchenväter Augustin als Bischof, Gregor als Papst, Ambrosius als Erzbischof und Hieronymus als Kardinal. Der bärtige Mann am Fuße der Treppe, von Löwen umgeben, könnte Daniel, der Schutzpatron der Bergleute, sein. In ihm könnte die Legende von »Daniel in der Löwengrube« zu sehen sein. Die Daniellegende, auch am Annaberger Bergaltar gut dargestellt, zeigt, daß Daniel im 15. und 16. Jahrhundert in Sächsischen Bergstädten als Bergbauheiliger verehrt wurde. In der Literatur (siehe H. Döring) wird die Kanzel auch als Marienkanzel ernsthaft behandelt.

Die Deutung des andächtigen Daniel als Freiberger Bürgermeister Ulrich Rülein von Calw, wie sie O. E. Schmidt und W. Pieper vornahmen, ist nicht zwingend. So läßt die Deutung weiterhin Spielraum, kein Wunder, daß sich Sagen um sie ranken.

GESCHICHTE UND SAGE

Die Sage um die Tulpenkanzel
Es hätten einst ein Meister und sein Geselle – die unten sitzende büßende, sinnende Gestalt eines bärtigen Mannes und die schöne Gestalt eines kräftigen Jünglings, der die Treppe mit seinem Rücken abstützt – gleichzeitig verschiedene Entwürfe zu dem Kanzelbau gefertigt. Weil das Modell des Gesellen dem des Meisters vorgezogen worden wäre, habe dieser seinen Gesellen aus Eifersucht getötet. Der Fluch des Sterbenden sollte keinen Prediger auf der Kanzel sprechen lassen.

Das historische Motiv könnte sein, daß Superintendent Hausmann am 3. September 1538 während seiner Antrittspredigt auf der Tulpenkanzel einen Schlaganfall erlitt und drei Tage später verstarb. Der Chronist A. Möller erklärte 1653 die Tulpenkanzel als »hohen und fürstlichen Predigtstuhl«, von dem nur an Sonn- und Festtagen gepredigt wurde, während die in heutiger Gestalt 1638 errichtete Bergmannskanzel für Wochentage galt. Zu Ostern 1995 hat Pfarrer Fischer auf der Tulpenkanzel gepredigt.

Die Bergmannskanzel
Die benachbarte Bergmannskanzel ist eine Stiftung des Bürgermeisters Jonas Schönlebe (1582-1658), der hohen Anteil an der Verteidigung Freibergs während des Dreißigjährigen Krieges hatte (siehe Seite 14). Die Abbildung zeigt ihn und seine Frau knieend vor dem gekreuzigten Christus. Je ein Bergmann tragen Korb und Treppe der Kanzel, an ihr ist der Leidensweg Jesu dargestellt.

Grablege der evangelischen Wettiner im Chorraum – Moritzmonument
Nach der Reformation entstand im Hohen Chor die kurfürstliche Begräbniskapelle für die albertinischen Landesfürsten. Als erster Fürst wurde Herzog Heinrich der Fromme hier beigesetzt. Weitere 37 Nachfolger und Familienangehörige folgten. Elf Prunksärge aus Zinn bergen die Gebeine der Wettiner von Christian I. (1561-1591) bis Johann Georg IV. (1668-1694) und einige Gemahlinnen. 29 Grabplatten aus der Werkstatt Hilliger (siehe auch Seite 22) sind in den Boden eingelassen. Imponierend erhebt sich der Kenotaph des Kurfürsten Moritz, des ersten Freigrabes der Renaissance in Sachsen. Als Statue kniet der 1553 in der Schlacht bei Sievershausen gefallene Kurfürst in seiner Rüstung mit Kurschwert vor einem Kruzifix. Am zweigeschossigen Denkmal informieren Tafeln über Moritz' Leben und weisen auf seine Verdienste für sein Sachsenland. Er war der bedeutendste Fürst der Wettiner.

Moritzmonument

Bildhauer Antonius van Zerroen hat den Kenotaph im Auftrage von Kurfürst August in Antwerpen geschaffen, um 1563 errichtete er ihn in Freiberg. Der Meister hatte schwarzen Marmor und weißen Alabaster mit verarbeitet. 1585 erhielt der aus Lugano stammende Baumeister Giovanni Maria Nosseni (1544-1620) den Auftrag, die Kapelle prunkvoll auszugestalten. Nach neun Jahren war das Werk im Stil des italienischen Manierismus vollendet, eine Synthese von Renaissance und Barock gelungen. Carlo di Cesare, der 1590 in Freiberg eintraf, goß Skulpturen für die Grablege. Das Dachgewölbe weist in farbenfrohen Bildern in einer Kombination aus Malerei und Stuckwerk auf die Ankündigung des Jüngsten Gerichtes hin. Die Schwesterngruft im Vorchor birgt mit den Arbeiten von B. Permoser Erinnerungen an Anna Sophia und ihre Schwester, Mutter und Tante August des Starken. Mit dem Tode des zum katholischen Glauben konvertierten Kurfürst August erfolgte die Beisetzung der Wettiner in der Katholischen Hofkirche zu Dresden.

Eine Überrraschung ergab sich bei der Untersuchung einiger Instrumente an der Decke der Begräbniskapelle: Wissenschaftler des Musikinstrumenten-Museums der Universität Leipzig bestätigten die Echtheit der Instrumente, so stammen die dick mit Goldbronze übermalten Streich- und Blasinstrumente aus der Zeit der Spätrenaissance.

Große Silbermannorgel
Zur Ausgestaltung des Domes trägt weiterhin die große Silbermannorgel bei. Von 1711 bis 1714 hat sie Gottfried Silbermann mit drei Manualen, 44 Registern und 2674 Pfeifen geschaffen (siehe auch Seite 40). Gestimmt hat sie der Meister aller-

Große Silbermannorgel

dings nicht auf den Kammerton a, sondern um etwa einen Halbton höher, so daß sie nicht in ein Konzert einbezogen werden kann. Nach einem Entwurf von Domorganist und Ratsbaumeister Elias Lindner (gest. 1731) hat Johann Adam Georgi den Prospekt mit vier musizierenden Engeln gestaltet. Die Orgelvirtuosen Arthur Eger (1900-67), Hans Otto (1922-96) und Dietrich Wagler (geb. 1940) haben mit ihrem Können zum internationalen Ruhm der Orgel im vorigen Jahrhundert beigetragen. Die »Gottfried-Silbermann-Gesellschaft« pflegt das Erbe des Meisters.

Übrigens – bereits am 24. September 1930 übertrug der Mitteldeutsche Rundfunk Sender Leipzig erstmals ein Orgelkonzert aus dem Dom, Organist war Arthur Eger (1900-1967). Mit der Herstellung von Schallplatten zog der Klang der Orgel in viele Länder. Eger gebührt die Anerkennung, bereits am 7. Juni 1945 mit dem ersten Orgelkonzert im Dom eines der ersten öffentlichen Kirchenkonzerte in Deutschland nach Kriegsende geleitet zu haben. Heute sind Fernsehgesellschaften aus allen Ländern häufige Gäste im Dom.

Die zweite Silbermannorgel steht auf einer Seitenempore. Bis 1939 gehörte sie zur Johanniskirche. Ihre Restaurierung erfolgte 1997.

Fürstenloge

Die Fürstenloge wurde 1726 von dem Dresdener Baumeister Matthias Daniel Pöppelmann (1662-1736) geschaffen, der u.a. auch den Dresdener Zwinger baute.

Die Glocken des Domes

Die Glocken des Freiberger Doms dürfen nicht unerwähnt bleiben. Vier der sechs Glocken wurden 1488, bzw. 1496 in der Werkstatt von Oswald Hilliger in Freiberg gegossen. Im ersten Weltkrieg konnte das Geläut gerettet werden, im zweiten Weltkrieg ging nur eine Glocke verloren. Als einzige Kirche mit sechs Glocken ist der Freiberger Dom mit »seiner glockenmusikalischen Disposition einmalig im gesamtem sächsischen Raum«. Auf der Stundenglocke steht: »Wenn der Herr nicht die Stadt behütet, wachen ihre Wächter umsonst«.

Annenkapelle

Die benachbarte zweischiffige spätgotische Annenkapelle mit dem aus dem Jahre 1674 stammenden Altar, der einst in der 1905 abgebrochenen Stadtkirche zu Hainichen stand, weist Schlingrippengewölbe auf. Ein Kreuzgang umgibt den »Grünen Friedhof«, auf dem bekannte Bürger, u.a. auch A.G. Werner beigesetzt. Der Lutherbrunnen, außerhalb des Kreuzganges, steht seit 1883, errichtet zu Luthers 400. Geburtstag. Die Jahreszahl 1917 erinnert an den 400. Jahrestag des Thesenanschlages. Die Büste Martin Luthers ist einem Entwurf von Ernst Rietschel (1804-61) nachgebildet; das Originalmodell hat Rietschel für die Lutherehrung in der Walhalla bei Regensburg geschaffen.

DAS STADT- UND BERGBAUMUSEUM (AM DOM 1)

Am Untermarkt stellt sich neben dem Chor des Domes und seinem aufragenden Giebel das Stadt- und Bergbaumuseum als dominierendes Gebäude dar. Dieser spätgotische Bau entstand nach dem Stadtbrand von 1484 als Domherrenhof an der Marienkirche, auch Thümerei genannt. Es beherbergte nach der Reformation die Lateinschule und das Gymnasium bis 1875. Die heutige Form mit Blendnischen im dreistöckigem Giebel über dem mit hohen Räumen gestaltetem Erdgeschoß stammt wohl aus der Erbauungszeit. Vorantreibender Kern der Umgestaltung zum Museum war der 1860 gegründete Freiberger Alterstumverein, der um eine repräsentative Sammlungsstätte für zahlreiche historische Exponate bemüht war. 1903 entstand das König-Albert-Museum.

Das Stadt- und Bergbaumuseum gilt als eines der ältesten und bedeutendsten Museen Sachsens. Die Einrichtung präsentiert in Sachzeugen und Dokumenten die Geschichte der Stadt, des Umlandes und des Montanwesens. In den zwei mit spätgotischen Faltengewölben überspannten Räumen des Erdgeschosses haben zwei ständige Ausstellungen Aufnahme gefunden. »Spätgotische Sakralkunst Obersachsens« zeigt Plastiken und Bildwerke aus obersächsischen Meisterwerkstätten um 1500. Neben den Freiberger Meistern erregen besonders die Exponate des Zwickauer Bildschnitzers Peter Breuer (1472-1511), wie Christus in der Rast, Bewunderung. Die Ausstellung »Bildhauerkunst der Renaissancezeit« präsentiert ausschließlich Werke Freiberger Meister und vermittelt Hochachtung vor den Leistungen in Freibergs zweiter Blütezeit nach der Spätgotik.

Eine bergmännische Betstube mit einem der ältesten Kleinorgelwerke Mitteldeutschlands aus dem 17. Jahrhundert wurde original nachgebildet, und Konzerte in diesem Raum lassen den Besuch zu einem besonderen Erlebnis werden.
Zu den Exponaten von »europäischem Rang« zählen ein silberner Deckelpokal der Freiberger Bergknappschaft nach 1681, die zin-

Bergmännisches Konzert in der Betstube des Stadt- und Bergbaumuseums

nernen Schenkkannen der Knappschaft von 1628 und volkskundliche Darstellungen des Montanwesens von 1678.

Am Haus Untermarkt 1, dem Sitz der Superintendentur Freiberg der Evangelisch-Lutherischen Landeskirche Sachsen und Sitz des Evangelisch-Lutherischen Kirchenverbandes Freiberg ist der romanische Ursprung mit Mauerwerk von 1484 noch deutlich sichtbar.

BERÜHMTE FREIBERGER WOHNTEN AM UNTERMARKT

Das Körnerhaus (Untermarkt 2)

Am Hause Nr. 2 aus dem 16. Jahrhundert stammend, weist eine Gedenktafel mit Medaillon auf den Wohnsitz des Dichters Theodor Körner (1791-1813) hin, nachdem er sein erstes Quartier auf der Leipziger Straße genommen hatte.

Immatrikuliert unter der Nummer 697, studierte er von 1808 bis 1810 in Freiberg und hörte Vorlesungen über Bergbaukunst, Geognosie, Chemie, Markscheidekunde, Mathematik, Physik und Zeichenkunst bei den Professoren Werner, Lampadius, von Busse und Sieghardt. Mit Schlägel und Eisen verfuhr er die Schichten unter Tage, und in jener Zeit entstanden seine den Bergmannsberuf romantisierenden Gedichte. Der knapp 22jährige Körner fiel im Befreiungskrieg als Leutnant und Adjudant Major Lützows im Kampf gegen die Truppen Napoleons.

Freiesleben-Haus

Im Hause Untermarkt 7 wohnte der Markscheider und Hochschullehrer Johann Friedrich Freiesleben (1747-1807), dessen Sohn Johann Carl Freiesleben (1774-1846) der Studienfreund Alexander von Humboldts war. Später war er der erste nichtadlige Oberberghauptmann Sachsens.

»Goldene Pforte«

Im Hause Untermarkt 21, viele Jahrzehnte als Gasthaus »Goldene Pforte« bekannt und heute Seniorenheim, wohnte der 1604 aus Böhmen nach Freiberg gekommene Musiker Johann Christian Demantius (1567-1643).

Aus seiner Feder gingen neben einem Tedeum auch Tanzsuiten für Streichinstrumente, mehrstimmige Lieder sowie 60 Motetten für das Kirchenjahr und eine Deutsche Passion nach Johannes hervor. Er gilt in der Musikgeschichte Kursachsens als der bedeutendste Komponist vor Heinrich Schütz (1585-1672).

Ein zweiter Organist, der auch aus Böhmen kommend sich in Freiberg für einige Jahre niederließ, war Andreas Hammerschmidt (1612-75). Für seine Gemeinde St. Petri komponierte er eine Fülle von Tänzen, Motetten und »Geistliche Dialoge«.

Als dritter berühmter Organist lebte Johann Friedrich Doles (1715-97), ein Schüler J.S. Bachs (1685-1750) in Freiberg. Am Dom von St. Marien schenkte er der Kirchenmusik Motetten, Arien und Choräle. Bekannt sind seine Melodien zu Christian Fürchtegott Gellerts (1715-1769) geistlichen Oden und Liedern.

Dunkelhof

Der Dunkelhof in der Kreuzgasse ist das Geburtshaus von Eduard Heuchler (1801-1879). Als Professor und Zeichenmeister an der Bergakademie hat er in Freiberg das Grabmal für von Herder, den Sockel des Wernerdenkmals, das Schwedendenkmal, den Kreuzbrunnen und den Hornbrunnen gestaltet; erforderliche Umbauten am Hauptgebäude der Bergakademie geleitet und als Neubau das Bahnhofsgebäude geschaffen. In seinen »Alben für Freunde des Bergbaus« beschrieb und zeichnete Eduard Heuchler Episoden aus dem Berufsleben, von der ersten Anfahrt bis zur letzten Schicht, sogar Bilder zum Bergbier fehlen nicht. Seine Texte und Zeichnungen sind von großer Liebe zum Bergmannsberuf getragen.

Im Durchgang des Hauses zum Garten steht folgender Spruch an der Wand, der in Übersetzung lautet: »Siehe dein Abbild (wie) du die Blumen siehst im Garten. Morgens blüht er zwar, abends wird der Mensch hinfällig. Leitspruch des kühnen Baumeisters Andreas Möller«.

DAS OBERBERGAMT

Die von Kurfürst Moritz 1542 eingeleiteten Reformen führten zur Einrichtung einer obersten Bergbehörde, die zur Gründung des Oberbergamtes führte. Bedeutend war die Durchsetzung des Direktionsprinzipes. Das Oberbergamt befand sich von 1679 bis 1945 im Freihaus der Familie Schönlebe in der Kirchgasse 11. In diesem stattlichen Bau aus dem 16. Jahrhundert überrascht bereits die Eingangshalle mit ihren Stern- und Netzgewölben.

Als Aufsichts- und Genehmigungsbehörde über den sächsischen Bergbau in seiner Gesamtheit – für Steinkohle, Braunkohle, Steine und Erden und Sanierung von alten Braunkohlentagebauen, Revieren des Uranbergbaus und des historischen Altbergbaus – ist das Oberbergamt mit seinen drei Bergämtern ein wichtiger Wirtschaftsfaktor des Freistaates Sachsen. Das in diesem Gebäude ebenfalls untergebrachte Bergarchiv ist in seiner Komplexität der Sozial-, Kultur- und Technikgeschichte des Montanwesens einmalig in Deutschland. Über den ersten planmäßigen Aufbau der sächsischen Bergverwaltung, das Behördenprofil, die Wirtschaftsunternehmen, die Hammerwerke, den Erz- und Kohlebergbau, die Bergschulen und Bergvereine sind 2000 m Akten und 80 000 Karten, Risse und Pläne vom Ende des 15. Jahrhunderts bis Mitte des 20. Jahrhunderts vorhanden. Mit einer Bergparade wurde am 15. Dezember 1991 der neue Präsident in das wiedereröffnete Sächsische Oberbergamt eingeführt

Im Nachbarhaus Kirchgasse 13 befand sich ab 1555 der Sitz des Oberhüttenamtes. Sowohl das Sitznischenportal (einst das älteste des 16.Jahrhunderts) als auch die Darstellung von Bergmann und Hüttenmann warten auf die Rekonstruktion.

DER SCHÖNBERGISCHE HOF

Kirchgasse 15 trägt den Namen Schönbergischer Hof. Er war einst Wohnsitz der Oberberghauptleute Abraham von Schönberg (1676-1711) und Friedrich Wilhelm von Trebra (1740-1819). Während der Rekonstruktion 1998 wurden wertvolle, mit Fabeldarstellungen und Rankenwerk bemalte Decken konserviert. Der modernisierte Gebäudekomplex beherbergt eine Buchhandlung, eine Sauna, Studentenwohnungen und eine Gaststätte.

GESCHICHTE UND SAGE

Goethe in Freiberg
Johann Wolfgang von Goethe, der als Minister für den Bergbau Thüringens im Kabinett des Herzogs Karl August von Sachsen-Weimar-Eisenach verantwortlich war, pflegte gute Beziehungen zu Freiberger Persönlichkeiten. Als begeisteter Sammler mineralischer Stufen empfing er gern von Professor Werner Ergänzungen zu seiner Mineraliensammlung. Mit J.C. Freiesleben stand er in Briefkontakt. Oberberghauptmann von Trebra unterstützte Goethe 1776 bei der Förderung des Ilmenauer Bergbaus. 1783 entdeckten beide auf einer gemeinsamen Harzreise den Granit-Hornfels-Kontakt bei Andreasberg.
Als sich Goethe 1810 auf der Heimreise von einer Kur in Teplitz befand, hat er die Reise hier unterbrochen und im Hause Trebra gewohnt. Nahezu im Telegrammstil vermerkte er im Tagebuch: »Sept. 26. In Freyberg angekommen, gegen 1 zu Trebra. Das Academische Gebäude besehen. Laboratorium. Spazieren. Abends bey Trebra. Lampadius.
Sept. 27. Auf die Grube Beschert Glück. Über Tage alles besehen. Zu Trebra zu Tische. V. Gutschmidt (Freiberger Berghauptmann). Nach Tische aufs Amalgamierwerk.
Alles besehen der Ordnung nach. Abends zu Trebra.
28. früh von Freyberg über Öderan nach Chemnitz«.
Im Gästebuch des Amalgamierwerkes hinterließ er seinen Eintrag. Einem Freund schrieb er, Freiberg habe ihm »mit seiner ober- und unterirdischen Tätigkeit eine unterhaltende und erfreuliche Rückreise gegeben«. Wir müssen annehmen, daß Werner ortsabwesend war; Goethe hätte sonst seinen Briefpartner in geologischen und mineralischen Fragen sicherlich besucht.

Über dem Renaissanceportal des Hauses Kirchgasse 15 erinnert eine Tafel an den Besuch.

DAS GESCHWISTER-SCHOLL-GYMNASIUM

Die vergoldeten Buchstaben »Gymnasium Albertinum« über den Fenstern der Aula am Hause Geschwister-Scholl-Straße 1 weisen auf die Tradition der Schule hin, die 1515 als älteste humanistische Lateinschule der Stadt gegründet wurde. 1875 erfolgte der Umzug aus dem Domherrenhaus in dieses neue Gebäude. Mit ihrer nahezu 490jährigen Geschichte sind zahlreiche Namen berühmter Lehrer und berühmt gewordener Schüler verbunden.

Petrus Mosellanus (1493-1524) »lehrte die Deutschen die griechische Sprache und Literatur«; Johannes Rivius (1500-1553) profilierte die Schule zum ersten protestantischen Gymnasium des Landes; der junge Prinz August von Wettin (1526-86) war sein Schüler; Karl Christian Gärtner (1721-91) ist als Dichter und Freund Christian Fürchtegott Gellerts (1715-69) in die Geschichte der Aufklärung eingegangen; Gotthelf Fischer aus Waldheim (1771-1853) wurde russischer Staatsrat und Direktor des Botanischen Gartens in Moskau; Johann Carl Freiesleben (1774-1846), der Freund Alexander von Humboldts, war der erste nichtadlige Berghauptmann Sachsens; Clemens Winkler (1838-1904) entdeckte das Element Germanium; und zu Beginn unseres Jahrhunderts wurde Rektor Otto Eduard Schmidt (1855-1945) bekannt durch seine wissenschaftlichen Arbeiten zur sächsischen Geschichte und seine »Kursächsischen Streifzüge« in sieben Bänden. Die Namensgebung 1875 bezog sich auf König Albert von Sachsen (1828-1902, reg. ab 1873).

1954 legte an dieser Oberschule Günter Blobel, heute Professor für Medizin an der Rockefeller-Universität, New York, Nobelpreisträger für Medizin des Jahres 1999, sein Abitur ab. In der Aula seiner alten Schule erhielt er am 20. Juni 2000 die Urkunde zur Ehrenbürgerwürde der Stadt Freiberg überreicht und am 12. September von Ministerpräsident Biedenkopf das Bundesverdienstkreuz.

Sehenswert ist die historische »Andreas-Möller-Bibliothek« der Schule, entstanden 1540 aus den Beständen der Bibliotheken der Franziskaner und Dominikaner nach Aufhebung der Klöster. Neben 500 Inkunabeln zählen u.a. auch zwei Original-Ablaßbriefe zum Bestand. Die Namensgebung erfolgte 1986 auf Anregung von SR Hans-Christian Neumann (1924-1987).

DAS EHEMALIGE FRANZISKANERKLOSTER (MÖNCHSSTRASSE NR. 3)

Im Bereich von Stadtmauer und Mönchsstraße, 1716 »Hinter den Mönchen« genannt, liegt das ehemalige Klostergelände der Franziskaner. Die Anlage entstand um 1233 und wurde durch mehrere Brände zerstört. Nach der Auflösung des Klosters im Zuge der Reformation ging 1540 die Klosteranlage auf die Stadt über. Das Wohngebäude der Mönche diente bis 1861 als Waisen- und Krankenhaus, die unterirdischen Gewölbe verpachtete die Stadt als Bierkeller und das übrige Areal, die »Klosterfreiheit«, wurde als Bauplatz an interessierte Bürger vergeben. Die Kirche verfiel, doch waren um die Mitte des 19. Jahrhunderts Reste von ihr noch vorhanden. In dem in die Stadtmauer eingebauten Nordgiebel des Franziskanerklosters mit Kielbogenfenstern aus dem 15. Jahrhundert dürfen Reste des ältesten Hauses der Stadt vermutet werden.

Stadtmauer hinter der Mönchstraße
Zwischen Schloß und Meißner Tor dienten 9 Türme als wichtige Verteidigungsbastion: Altschloßturm, Landgerichtsturm, Gefangenenturm, Mannewitzturm, Pestturm des Rates und Turm des Pestpfarrers, Oberer und Unterer Roßmühlenturm, Pfeils Turm. In unmittelbarer Nähe des ehemaligen Franziskanerkloster befindet sich an der Stadtmauer auch ein Wighaus.

DAS HERDERHAUS

Das Haus in der Herderstraße 2 / 2a ist benannt nach dem Freiberger Oberberghauptmann Siegismund August Wolfgang von Herder (1776-1838), der es von 1817 an bewohnte. Er war der zweitälteste Sohn des Weimarer Dichters, Philosophen und Humanisten Gottfried Herder (1744-1803). Das Haus weist Bausubstanz aus der 2. Hälfte des 16. Jahrhunderts auf. An den Portalen stehen Bergmannsfiguren mit Barten und Erzstufen. In dem Gebäude befand sich von 1844 bis 1902 die Knabenbürgerschule. Auf der um 1820 errichteten Freitreppe im Hof wurde einst das Singspiel »Der Bergmannsgruß« von August Ferdinand Anacker (1790-1854), Text von Moritz Wilhelm Döring (1798-1856), erstmals 1831 aufgeführt, in unserer Zeit 1956 im Konzerthaus »Tivoli« und 1996 auf dem Buttermarkt. (Siehe auch Seite 89).

Nach Beendigung seines Studiums an der Bergakademie in den Jahren 1797 bis 1799, Matrikelnummer 487, (Promotion 1812 in Wittenberg) war er 1804 Oberbergamtsassessor, von 1816 an Berghauptmann und seit 1826 Oberberghauptmann. Er förderte den Bau berg- und hüttenmännischer Neuanlagen, besonders der Grubenentwässerung. Sein bekanntester Plan war die Wasserableitung aus dem Freiberger Grubenrevier mit dem Bau des »Tiefen Meißner Erbstollns«, der die Grubenwässer in die Elbe abführen sollte. Nach seinem Tode wurde das kühne Projekt von 1844 bis 1877 mit dem Bau des »Rothschönberger Stollns« realisiert (siehe auch die Seiten 86 und 87).

STADTHAUS 2

Im heutigen Stadthaus 2, Heubnerstraße, wohnte der Kreisamtmann Otto Leonhard Heubner (1812-93), der zu seiner Zeit als politisch führender Kopf der Stadt galt. Er war gewähltes Mitglied der Nationalversammlung der Frankfurter Paulskirche und in den Tagen der Revolution im Mai 1849 in Dresden Mitglied der Provisorischen Regierung. Nach der Niederlage flüchtete er mit Richard Wagner (1813-83) aus Dresden nach Freiberg. Wagner gelang die weitere Flucht über Weimar nach Zürich, Heubner wurde in Chemnitz verhaftet, verurteilt, erst 1859 begnadigt. Danach war er Landtagsabgeordneter und Stadtrat in Dresden. (Siehe auch Seite 41). Wagner und Heubner wurden durch Gedenktafeln am Hause geehrt.

ALTE GERBERHÄUSER UND STRASSENNAMEN IN DER ALTSTADT

Neben den Schmieden und Leinewebern sind Gerber seit 1294 urkundlich in Freiberg nachweisbar. Bergleute, Schuhmacher und Riemer benötigten Leder, und damit kam das Gerberhandwerk mit Weiß- und Lohgerbern rasch in Blüte. 1554 trennte sich ihre Innung von den Schustern.

Unverkennbare Gerberhäuser, noch aus dem 16. bis 17. Jahrhundert stammend, finden wir Nikolaigasse 15, Meißner Gasse 8 und am Mühlgraben. Man erkennt sie an den typischen jalousieartigen Öffnungen der Trockenböden im Dachgeschoß. Das zur Bearbeitung notwendige Wasser lieferte der Mühlgraben. Ein Wandbild in der Gerberpassage (von K. Kohlrausch und T. Birke) und der Gerberbrunnen auf dem Untermarkt (von Bildhauer G. Kohl) halten die Erinnerung an diese handwerkliche Tradition wach.

Über Jahrhunderte waren Gerbereien und Lederfabriken in Freiberg und in jüngster Zeit auch im benachbarten Zug in Betrieb. Carl Steyer gründete 1763 eine Gerberei, die ab 1897 vom Handwerksbetrieb auf maschinelle Lederverarbeitung umgestellt wurde. 1889 erfolgte in Freiberg die Gründung der Deutschen Gerberschule an der Terrassengasse – auf Anregung des hiesigen Königlich-Sächsischen Kommerzienrates und Lederfabrikanten Moritz Stecher (1838 – 1903) als eine Fachschule zur Ausbildung von Gerberei-Technikern – und 1896/97 die Einrichtung einer Deutschen Versuchsanstalt für Lederindustrie. Beide Institutionen – 1938 unter Prof. Dr. Stather (1901-1974) vereinigt – zogen auch viele ausländische Teilnehmer nach Freiberg und erwarben sich durch ihre fachliche Leistung rasch einen internationalen Namen (siehe auch Seite 74). Jetzt befindet sich die Deutsche Gerberschule in Reutlingen.

In der schmalen Gerbergasse Nr. 25 stand seit Mitte des 16. Jahrhunderts ein Kuttelhof, der als Schlachthaus der Stadt bis zum Bau des neuen Schlachthofes 1894 in Betrieb war. Das Gebäude verfällt wegen Baufälligkeit dem Abriß.

Neben der Gerbergasse gibt es in der Altstadt weitere Straßenbezeichnungen nach Handwerkern oder Zünften, so die Kesselgasse (nach den Kesselschmieden), Schmiedestraße, Färbergasse (1639 Schwarzfarbe genannt), Weingasse (1381 ein »burger winhus« erwähnt) oder eine inzwischen umbenannte Fleischergasse. Im Bereich der Aschegasse – unweit des Kuttelhofes – lagen die Werkstätten der Ascher, die Asche für den Schmelzprozeß herstellten. Die Stollngasse heißt nach dem seit 1384 nachweisbaren Fürstenstolln. Der Mühlgraben lieferte das Wasser für die Untere und Obere Malz- und Würzmühle. Das Badegäßchen erinnert an frühere öffentliche Badestuben, die in der Fischergasse oder Futtergasse (heute Akademiestraße) sich regen Zuspruchs erfreuten.

Auch die Namen des Meißnerrings und Donatsrings (von der Leipziger Straße bis zur Himmelfahrtsgasse) waren der Geschichte unterworfen: Von 1933 bis 1945 hießen sie Adolf-Hitler-Ring und von 1945 bis 1990 Ernst-Thälmann-Ring. Übrigens – Meißner Gasse wurde namentlich als »Meißnische Gasse« 1386 erstmals genannt und ist damit der älteste Straßenname der Stadt.

DER BUTTERMARKT

Im Volksmund gibt es ein Rätsel: Wo treffen Himmel, Hölle und Teufelskapelle zusammen? Antwort: Am Buttermarkt! Mit »Himmel« ist die Nikolaikirche gemeint, »Hölle« hieß ein seit 1579 bestehendes Brau- und Malzhaus an der Aschegasse, welches später eine gern besuchte Bergmannsgaststätte war und 2002 dem Abriss zum Opfer fiel. Als »Teufelskapelle« wurde das Stadttheater bezeichnet. Auf modernen Stadtplänen wird man den offiziellen Namen »Buttermarkt« vergebens suchen, aber als im vorigen Jahrhundert Bauersfrauen zum Wochenende ihre Produkte hier verkauften, war der Name amtlich gültig und hat sich seitdem im Volksmund erhalten.

Benachbarte Straßen, so die Weingasse und die Heubnerstraße, bewiesen durch dendrologische Untersuchungen alter Holzbohlen im Straßenquerschnitt ein bis in die Jahre 1183 bis 1185 zurückreichendes Alter der frühesten Straßenanlage.

Nikolaikirche

Die planmäßig seit 1175 um die Nikolaikirche angelegte Siedlung war vorwiegend von Handwerkern und Kaufleuten bewohnt. Vom ältesten Kirchenbau sind noch Elemente des romanischen Stils an den Westtürmen erkennbar. Die romanischen Schallarkaden stammen aus dem 13. Jahrhundert. Im 14. und 15. Jahrhundert wurde das Gebäude als spätgotische Hallenkirche mit Langhaus vergrößert. 1630 erfolgte eine Aufstockung der Westtürme. Den barocken Um- und Ausbau um 1750/53 leitete Johann Christoph Knöffel (1686-1752) und Ratsbaumeister Johann Gottlieb Ohndorf (1710-1759. Aus dieser Zeit stammt auch der Hochaltar von G. Stecher mit dem Altarbild von C.W.E. Dietrich. Der Guß für die große Glocke im Südturm erfolgte 1487 in der berühmten Werkstatt Hilliger. Hier in der Nikolaikirche wurde 1533 erstmals in Freiberg das Abendmahl

Eröffnungskonzert in der Nikolaikirche

in beiderlei Gestalt den Gläubigen gereicht. Nachdem das Gebäude von der Kirchenverwaltung an die Stadt abgegeben wurde, diente es dem Theater als Lagerstätte.

Zum 11. Bergstadtfest 1996 erklang hier die 9. Sinfonie von Ludwig van Beethoven, aufgeführt von Freiberger Chören und der Philharmonie des Mittelsächsischen Theaters. Künstler und Besucher lobten die »hervorragenden klanglichen Eigenschaften des Sakralbaus« Nach Jahren des Umbaues erfolgte im Mai 2002 die Einweihung der Nikolaikirche als Konzert- und Veranstaltungshalle mit dem Schauspiel »Jedermann« von Hugo von Hofmannsthal.

Das älteste städtische Theater der Welt

1790 wurde das Stadttheater am Buttermarkt eröffnet. Bis dahin hatten Vorführungen durch fahrende Schauspielgruppen im Kaufhaus stattgefunden. 1727 gastierte hier zum Beispiel die Truppe der Friederike Caroline Neuber (1697 bis 1760). Seit 1787 waren jedoch Vorstellungen im Kaufhaus wegen Brandgefahr untersagt worden.

Stadttheater Freiberg – Außenansicht

Es war der Messerschmiedemeister Johann Gotthelf Engler, der sein in der Pulvermühle erworbenes Kapital mit dem Kauf dieses 1632 erbauten Hauses am Buttermarkt anlegte und dieses 1789 zum Theater umbauen ließ. Die Stadt erwarb es ein Jahr später für 1900 Taler. Damit besitzt Freiberg das älteste städtische Theater der Welt.

Aus den Jahren des Hausbaus künden die schwer lesbaren Inschriften zweier Quadersteine, so an der Ecke Enge Gasse:
»Dis Haus und all mein Fähr und Hab
Der Reiche Gott aus milder Gab
Mir bescheret hat Durch Ausbeuth guth,
der halts auch stets in seiner Huth.«
Die abschließenden Buchstaben M.C.N.C. verweisen auf Magister Caspar Neander aus Colditz, der als Amtsprediger von St. Nikolai dieses Haus errichten ließ.

Stadttheater Freiberg – Innenansicht

Der Text an der Weingasse lautet: »Man sagt Wer Baun thut an die gassen, muß manchem Eine Feder Lassen. Wenn ich es Denn also wil han Lieber, was geht es dich doch an? Dies schrieb der Maurer Michael Kästner 1623«. In der Osterwoche 1790 gab es die ersten Vorstellungen »guter teutscher Komödien« durch eine Theatergruppe unter der Leitung des Prinzipals Seconda aus Dresden. Noch gab es in Freiberg keine eigene Schauspieltruppe, dies erfolgte erst 1876. Die Spielpläne der 90er Jahre des 18. Jahrhunderts vermerken Mozarts Opern »Entführung aus dem Serail«, »Die Zauberflöte« und »Don Carlos« und Goethes »Clavigo« und »Stella«. Schon damals zeigten sich die Freiberger Bürger als interessiertes Publikum und sparten nicht mit Applaus.

Von September 1800 an hielt sich Carl Maria von Weber (1786-1826) in Begleitung seines Vaters für sieben Monate in Freiberg auf (siehe auch Seite 34). Hier komponierte er die Oper »Das stumme Waldmädchen«, deren Uraufführung in Freiberg am 24. November 1800 stattfand. Ein Sgraffito an der Giebelseite des Theaters erinnert daran. Allerdings war die Aufführung kein weltbewegender Erfolg, der jugendliche Komponist hatte noch nicht die Reife des Meisters des »Freischütz« erreicht.

In ihren Erinnerungen hat die Schauspielerin Steffi Heymann (1894-1972) die Freiberger Bühne als ein »Sprungbrett« für die Entwicklung junger Talente bezeichnet. Für Inge Keller (geb. 1923) trifft dies als Beispiel für eine Künstlerin unter vielen zu. Bereits am 16. Juni 1945 hat S. Heymann den Spielbetrieb des Theaters nach dem Kriegsende mit Molnars »Spuk im Schloß« eröffnet.

Am 23. Juni 1991 wurde nach fünfjähriger Rekonstruktion das Theater mit der Oper »Die Zauberflöte« von Wolfgang Amadeus Mozart wiedereröffnet. Es wird mit Recht von Theaterfreunden als eine der »schönsten Bühnen Sachsens« bezeichnet.

1993 schlossen sich das Stadttheater Freiberg und das Stadttheater Döbeln zur »Mittelsächsischen Theater und Philharmonie GmbH« zusammen.

IM EINSTIGEN CHRISTIANSDORF

Gedenktafel

Eine Gedenktafel erinnert ...

In der Altstadt, am Hause Wasserturmstraße 34 – Ecke Berggasse, befindet sich eine Gedenktafel, die darauf hinweist, daß hier in unmittelbarer Nähe im Jahre 1168 der Freiberger Bergbau seinen Anfang genommen hat. Eine alte Straße nach Böhmen hat hier einen der mächtigsten, im Verlauf von Wasserturmstraße – Terrassengasse streichenden Freiberger Erzgänge, den Hauptstollngang gekreuzt. 1185 wurde letztmalig der Ortsname Christiansdorf in einer Urkunde genannt. Und 1241 das erste und einzige Mal in einer Urkunde das Jakobiviertel als Sächsstadt »civitas Saxonum« bezeichnet, als Stadt der eingewanderten sächsischen Bergleute aus dem Harz.

GESCHICHTE UND SAGE

Der Silberfund

Georgius Agricola und Petrus Albinus beschreiben sowohl in »De re metallica« 1556, als auch in der »Meißnischen Bergk-Chronica, Dreßden 1590« den sensationellen Silberfund: »Es ist das Bergwerk zu Freiberg auf solche Weise an den Tag gekommen und erfunden worden. Auf eine Zeit ist ein Goslarischer, oder wie etliche bloß setzen, sonsten ein sächsischer Fuhrmann zu Hall durchgefahren und hat Salz ins Land zu Böhmen führen wollen, weil dasselbe Land bis auf den heutigen Tag aller Dinge die Fülle, allein kein Salz hat. Dieser Salzführer, als er fast an die Grenzen des Böhmischen

Haus am Orte des ersten Silberfundes

Gebirges, gleich um die Gegend, da jetzo Freiberg stehet, gekommen, hat er ohnegefähr ein Geschiebe von einem gediegenen Glanz oder Bleierz in einem Wagengleise gefunden, dasselbe, weil es schön gleisend war und schwer gewesen, auf den Wagen geworfen und im Wiederfahren mit sich gen Goslar gebracht. Daselbst, nachdem es von den Bergleuten probiert und im Silber viel reicher als der Goslarische Glanz und Bleischweif gefunden worden, haben sich die Sachsen alsbald aufgemacht, sich dahin auf Nachrichten des fuhrmanns bezogen, da er das Geschiebe gefunden hatte, haben Gänge ausgerichtet, eingeschlagen und geschürft, und da es ein gut Ansehen genommen folgend getrost Kübel und Seil eingeworfen, in Eile etliche Röschen getrieben, damit sich das Gebirge etwas verstollet, und das Wasser verschroten, auf das sie ohne Hindernis bauen mögen, und hatten also in Summa die Sachsen das Bergwerk im Lande Meißen rechtschaffen rege gemacht«.

Heute Gymnasium »Geschwister Scholl« Haus Dürer – einst Frauenkloster
Im Bereich der 1903 eröffneten Bürgerschule, 1928 »Albrecht-Dürer-Schule« benannt, des Schulhofes und der benachbarten Gassen lag bis zur Reformation das Frauenkloster St. Maria Magdalena. Mit Klostergarten und Klosterkirchhof erstreckte es sich vom Meißnertor bis zur Terrassengasse. Den erstmals 1248 erwähnten Orden dieser »büßenden Schwestern« gab es nur in Deutschland.
Ein bei Auflösung 1542 geführtes Verzeichnis nennt alle Gebäude und Räume und läßt dadurch die Größe der Anlage für 30 Schwestern erkennen. Es gab einen Speisesaal, eine Küche mit Stübchen, Vorratskammern für Fleisch, Butter

und Käse, eine Stube für die Priorin, ein Schlafhaus, Gästekammern, eine Krankenstube, mehrere Weinkeller, ein Brotgewölbe, ein Backhaus mit Backstube, zwei Kornhäuser mit Böden, einen Kuhstall, ein Wasserhäuschen, ein Brauhaus, ein Badehaus und ein Gefängnis: Offensichtlich besaß das Kloster die (niedere) Eigengerichtsbarkeit. Ein Klosterhof und ein Herrenhof lagen oberhalb des Klosters, das vom letzten großen Stadtbrand verschont blieb.

Die alte und neue Jakobikirche

Die älteste Kirche Freibergs stand in der Pfarrgasse auf dem Platz der heutigen Dürerschule: die Jakobikirche von Christiansdorf. Um 1160 wurde sie als einschiffige Basilika mit einer stabilen Balkendecke errichtet. Mitte des 16. Jahrhunderts baute man ein Seitenschiff an und ersetzte die Decke durch ein Gewölbe. Baumeister war der Steinmetz Andreas Lorenz. Von 1776 an krönte ein Kuppeltürmchen das Dach. Rund um diese Kirche feierten Freiberger Bürger seit 1293 den ältesten Freiberger Jahrmarkt, den Jakobimarkt. Er begann jährlich am 25. Juli, dem Tag des Heiligen Jakobus und dauerte zwei Wochen. 1890 erfolgte der Abriß dieser Kirche.

Die neue, 1890 bis 1892 im neugotischen Stil erbaute Jakobikirche entstand am Donatsfriedhof, wo im Mittelalter die Kirche St. Donat der Bergmannssiedlung gestanden hatte; Donat war der Schutzherr des Bistums Meißen. Die neue Kirche hat den Taufstein von 1555, die steinerne Kanzel von A. Lorenz (1568), den Altar (von Holzschnitzer Bernhard Dietrich und Tischler Sebastian Grösgen, um 1610) und die Silbermannorgel von 1716/17 übernommen. Das Altarkreuz aus der Zeit von 1700 bis 1725 ist eine Elfenbeinschnitzerei von Balthasar Permoser (1651-1732), dem Bildhauer des Dresdener Barocks. So ist die Kirche St. Jakobi Freibergs jüngste Kirche, aber Freibergs älteste Kirchgemeinde!

Erinnerungen an die Reformation

In unmittelbarer Nähe sind zwei Häuser zu nennen, die mit Inschriften auf die Reformationsjahre in Freiberg verweisen. Über der Eingangstür des Hauses Pfarrgasse 18 lautet der Spruch »GOTTES WORT BLEIBET EWIK 1528«. Die Gedenktafel am Haus Donatsgasse 23 nennt den Spruch »ICH WEIS DAS MEIN ERLÖSER LEBT 1561«; darunter steht ein Bergmann mit Erztrog, Schlägel und Eisen.

Das Martin-Planer-Haus

Das rekonstruierte Haus Pfarrgasse 20 hat von 1563 bis 1568 Bergmeister Martin Planer (1510-1582) bewohnt. Er bewies vielseitiges technisches Können, sowohl mit der Grabung der Brunnen auf der Augustusburg (1568-1572, 130,6 m Tiefe), dem Königstein (1562-1571, 152,5 m Tiefe) und der Errichtung der

Wasserversorgung auf Burg Stolpen (1560-1563 Brunnentiefe 82 m). Planer hat Mitte des 16. Jahrhunderts die Nutzung der Wasserversorgung erzgebirgischer Flußläufe durch Bau von Gräben und Röschen zum Antrieb von Maschinen in den Freiberger Silberbergwerken eingeführt. Durch Einbau von Wasserrädern in den Thurmhofschacht förderte er die technische Entwicklung seiner Zeit.

DER DONATSTURM

Am höchsten Punkt der Donatsgasse befindet sich der 35 m hohe Donatsturm, der 1455 vollendet wurde. Der ursprüngliche Eingang liegt in einer Höhe von 7 m und hatte eine feste Verbindung mit dem anschließenden Wehrgang. Die Mauer des Turmes weist eine Stärke von 5 m auf und bot bereits Schutz gegen frühe Feuerwaffen. Im Verteidigungsfall hatte er eine wichtige strategische Bedeutung, denn hinter den Schießscharten waren Hakenbüchsen und kleine Kanonen stationiert. Die einst die Spitze krönende Wetterfahne hatte Kunstschmied Gabriel Mehner 1670 hergestellt, die heutige Kopie fertigte Gürtlermeister Frank Reichelt, Freiberg. Die Erneuerung der Turmhaube erfolgte 1995/96 durch Dachdeckermeister Waldemar Haubold, Freiberg. Durch das Donatstor sind jahrhundertelang die Bergleute täglich zur Schicht gegangen, denn am Stadtrand lagen viele Gruben, die nicht alle die Zeiten überdauerten. Der jetzige Torbogen wurde erst 1923 errichtet.

Donatsturm und Donatstor

GESCHICHTE UND SAGE

Die Bergleute bezahlen den Bau des Donatsturmes
Als Freiberg wegen seines Reichtums mancherlei Angriffe räuberischer Truppen zu erdulden hatte, beschlossen die Bürger, die Stadt mit hohen Mauern und einem tiefen Graben zu umwehren. Lange wurde gebaut, und sie ließen es sich ein gutes Stück Geld kosten. An den Toren erhoben sich stattliche Türme, kleinen Befestigungsanlagen gleich. Nur am Donatstor war kein Turm vorgesehen. Da traten die Bergleute zusammen und zahlten von ihrem Lohn täglich einen Pfennig. Von diesem Gelde haben sie den runden und sehr starken Donatsturm erbauen lassen.

DER DONATSFRIEDHOF

Nach dem Verfall der Donatskirche legte Bürgermeister Ulrich Rülein von Calw im Auftrag Herzog Heinrich des Frommen im Pestjahr 1531 hier, außerhalb der Stadtmauer, einen Pestfriedhof an. Eine Pestordnung wurde gewissen hygienischen Forderungen gerecht, keine Bestattungen von an der Pest Verstorbenen auf Kirchhöfen im Stadtbereich zuzulassen. Daraus entwickelte sich generell der neue Friedhof vor der Stadt. In seinem ältesten Teil weist er einen parkähnlichen Charakter auf. Grabsteine vermitteln eine Begegnung mit berühmten Freiberger Persönlichkeiten, die hier ihre letzte Ruhestätte gefunden haben. Zu ihnen gehören u.a. A. W. Lampadius, von Trebra, C. G. Rochlitzer, E. Heuchler, K. Kegel, A. Lissner, A. Jurasky, F. Kögler oder der Chirurg A. Ladwig. Credo des unvergessenen Organisten Hans Otto: Musica praeludium vitae aeternae.

AM DONATSRING

Die restaurierte Stadtmauer
Vom Donatsturm bis zur Terrassengasse zieht sich ein romantischer Fußweg an der restaurierten Stadtmauer entlang. Türme unterstützte die Verteidigungsanlage, die durch einen tiefen Graben und eine stückweise erhaltene Vormauer verstärkt wurde.

Das Krankenhaus
Am Donatsring steht als bedeutendstes Gebäude das Krankenhaus der Stadt. Es wurde 1861, als eines der ältesten in Sachsen errichtet. 1928/30 erfolgte eine Modernisierung durch Ausbau einer chirurgischen und medizinischen Station. Eine Blutspendezentrale entstand 1954, die Frauenklinik und die Kinderklinik erhielten eigene Gebäude. Erweiterungen erfolgten 1977 und 1995. Eine 1948 an der Parkstraße eingerichtete Poliklinik bestand bis 1992, ihr Abriß erfolgte 1996. Seit 1996 gehört das Kreiskrankenhaus gGmbH zur größten privaten Krankenhausbetreibergesellschaft Deutschlands im Akutbereich, der SANA Kliniken GmbH, München. Am Rande des Krankenhauses steht auf einer Halde das ehemalige Huthaus des Löfflerschachtes.

Das »Lederinstitut«
Am Donatsring – Terrassengasse liegen auch die Gebäude des bereits auf Seite 66 erwähnten Forschungsinstitutes für Leder- und Kunstledertechnologie gGmbH (Aninstitut der TU Bergakademie Freiberg). Zu früheren Jahrzehnten haben Studenten aus allen Ländern, in denen es eine lederverarbeitende Industrie gab, an dieser bekannten Fachschule ihr Wissen erweitert. (Siehe auch Seite 66 ff.).

Blick vom Besucherbergwerk »Alte Elisabeth« zur Stadt. Im Vordergrund Seilscheiben des alten Förderturms

VOR DEN TOREN DER ALTSTADT

Von den fünf Stadttoren aus führten die Hauptstraßen zu den benachbarten Städten – nach Chemnitz, Erbisdorf, Dresden, Meißen, Roßwein und Hainichen. An diesen Ausfallstraßen und im Gebiet zwischen ihnen entstanden Vorstädte, die recht nahe an die Dörfer Freibergsdorf, Friedeburg, Loßnitz und Lösnitz grenzten. Nachweisbar entstand von 1548 an am Rande des einstigen Kirchhofes von St. Petri am Roten Weg und beiderseits der Langen Straße das Judenviertel.

Durch den Aufbau sich ausbreitender Industriebetriebe, besonders der Eisengießerei Paschke und einigen Webereien und Düngemittelfabriken, entwickelte sich mit dem Bau der Eisenbahnlinie Dresden – Freiberg (1862) und Freiberg – Chemnitz (1869) die Bahnhofsvorstadt. Bald dehnte sich die rasch bebaute

Fläche auch jenseits der Bahnlinie bis zur Brunnenstraße aus. Hier setzte 1956 der Neubau von Wohnungen am Wasserberg ein, der sich inzwischen bis zur Höhe des Forstweges erstreckt und von den Bauten an der Chemnitzer Straße begrenzt wird. Längst ist die um 1800 angelegte, knapp 500 m lange Seilerbahn neben der Straße nach Brand-Erbisdorf zur Herstellung von Hanf- und Eisendrahtseilen dem Wohnungsbau gewichen. Dominierte in der Sonnenradsiedlung um 1934 noch der Bau von Ein- und Zweifamilienhäusern, überwogen zu DDR-Zeiten aus Rentabilitätsgründen bei der Errichtung von Wohnungen am Wasserberg, am Seilerberg und in Friedeburg Mietblocks in nüchterner Großplattenbauweise, die auch für Schulen und andere Zweckbauten vorherrschte. Mit blumenreicher Balkongestaltung brachten die Bewohner Farbtupfer in die Straßenblöcke.

Der Name der einstigen Gärtner- und Häuslersiedlung »Friedeburg« geht auf Gottfried Pabst von Ohain (1656-1729) zurück, dessen Herrenhaus zwischen Kellermannstraße und Witzlebenstraße noch existiert. Pabst von Ohain hat auf Anordnung des Kurfürsten mit dem Physiker Ehrenfried Walter von Tschirnhaus (1651-1708) den Apotheker und »Goldmacher« Johann Friedrich Böttger (1682-1719) bei der Herstellung von Porzellan weitgehendst unterstützt. Beide haben Böttger die technischen und wissenschaftlichen Grundlagen zur Porzellanherstellung geliefert. Die Wurzeln des Meißner Porzellans führen also auch nach Freiberg. Im 20. Jahrhundert siedelte sich die Porzellanindustrie in Freiberg an.

Friedeburg vorgelagert ist das Gelände des alten Schießplanes der früheren Schützengilde zwischen Gellertstraße und Heinrich-Heine-Straße. Überragt wird Neufriedeburg an der Hainichener Straße vom 1985 eingeweihten Tempel der »Kirche Jesu Christi der Heiligen der Letzten Tage«, der in seiner Bauweise die Aufmerksamkeit der Vorüberfahrenden auf sich lenkt. Vor seiner Einweihung hatten sich etwa 92 000 Besucher zur Besichtigung eingefunden. Anderthalb Jahrzehnt später wurde eine Erweiterung durch Mitgliederzuwachs und eine erneute Einweihung erforderlich.

Die Rote Grube

Mit Recht wurde Freiberg in das Touristenprojekt »Sächsische Silberstraße« eingebunden, das Bergstädte von Zwickau bis Dresden berührt. Zeugnisse alter und jüngster Bergbaugeschichte begegnen dem Besucher auf Schritt und Tritt auch vor den einstigen Toren der Stadt. Seit 1384 ist die Rote Grube am heutigen Busbahnhof nachweisbar, obwohl ihr Richtschacht erst von 1848 bis 1856 für den Bau des Rothschönberger Stollns geteuft wurde. Das in 80 m Tiefe seit 1856 betriebene Kehrrad von 12 m Durchmesser war bis zum 7. Oktober 1944 in Funktion, als das Treibehaus durch Bombentreffer zerstört wurde.

Der Kuhschacht

Am Wernerplatz, der 1870 aus der Viehgasse (der unteren Bahnhofstraße), der planierten Halde des Kuhschachtes und dessen Nachbargassen (der Einmündung der Buchstraße in die Bahnhofstraße) gebildet wurde, steht mit Nr. 15 das einstige Huthaus von der Kuhschacht-Fundgrube, die von 1710 bis 1765 sehr ergiebig war und auf deren Treibehaus ein Pferdegöpel betrieben wurde. Das 1995 eingeweihte und Alexander von Humboldt und Johann Carl Freiesleben gewidmete Denkmal erinnert an die gemeinsam im Winter 1791/92 durchgeführten Temperaturmessungen im Kuhschacht.
Desgleichen existierte in der Bahnhofsvorstadt, dem einstigen Stadtteil Neue Sorge, seit 1769 im Rothkühschachter Huthaus (ehemaliges Bahnpostamt) ein Bergstift zur Betreuung kranker und verletzter Bergleute. 1844 wurde es in die nach ihm benannte Bergstiftsgasse Nr. 15 verlegt.

Mit den nach A. v. Humboldt, A. G. Werner und L. v. Buch benannten angrenzenden Straßenzügen werden berühmte Freiberger Persönlichkeiten der naturwissenschaftlichen Forschung und Lehre geehrt. Und der Straßenname »Eherne Schlange« bezog sich auf eine Grube, die von 1543 an mit größeren Unterbrechungen bis 1753 Erz lieferte.
So bildeten zuweilen Gruben Kristallisationskerne für weitere Bebauungsgebiete. Abseits der Frauensteiner Straße erinnern der St. Peterschacht und Am Maßschacht an altes Bergbaugelände.

Die drei Kreuze

Bis weit über die Bergstadt Brand-Erbisdorf hinaus fallen dem Besucher beidseitig der B 101 baumbewachsene Schachthalden auf. Diese Bergbauhalden stehen unter Denkmalschutz und bedürfen mit ihrer interesanten Haldenflora des Naturschutzes.

Drei Kreuze, gelegen an einem alten Häuersteig

Außerhalb der Stadt, unmitttelbar gegenüber dem Gewerbegebiet Am Häuersteig, stehen im freien Feld die erstmals 1564 erwähnten »Heiligen drey Creutze nachm Branntt«. Sie liegen an einem alten Häuersteig und stammen aus vorreformatorisch – katholischer Zeit. Für die Unterhaltung dieser bergmännischen Andachtsstätte (auch Kalvarienberg genannt) hat sich immer die Knappschaft verantwortlich gefühlt. Für den historischen Inhalt nachfolgender Sage gibt es absolut keine Nachweise, Chronist Möller verliert kein Wort darüber. Die Sage existiert in gedruckter Form auch erst seit 1820, ist aber als Volkserzählung seitdem Bestandteil des einheimischen Sagenschatzes.

Das Sächsische Lehr- und Besucherbergwerk Himmelfahrt-Fundgrube
»Himmelfahrt-Fundgrube« ist das größte sächsische Silberbergwerk in einem 5 mal 6 km großen Gebiet, das hauptsächlich im Norden und Osten vor dem Meißner Tor und Donatstor der Freiberger Altstadt liegt, aber auch Schächte innerhalb der Stadtmauer hat. Bis zu 2800 Bergleute arbeiteten im 19. Jahrhundert im »unterirdischen Freiberg« und den angeschlossenen Aufbereitungsanlagen. Bis zum Jahre 1965 war dieses Erzbergwerk in Betrieb, zuletzt für die Gewinnung von Blei- und Zinkerzen. Heute wird die »Himmelfahrt-Fundgrube« als Sächsisches Lehr- und Besucherbergwerk von der TU Bergakademie Freiberg und einem Förderverein für Bildungs- und Forschungszwecke betrieben.

Dazu werden zwei Schächte unterhalten:
Für das Ein- und Ausfahren mittels Seilfahrt der Schacht »Reiche Zeche«. Der Schacht »Alte Elisabeth« ist aus Sicherheitsgründen als Zweitschacht erforderlich, hat aber mit seinen in Sachsen einmaligen historischen Innenausstattungen der Tagesanlagen zugleich hohen Stellenwert als technisches Denkmal und als

Besucherobjekt. Überhaupt ist die Himmelfahrt-Fundgrube das letzte und zugleich repräsentativste Bergwerk des 800-jährigen sächsischen Silberbergbaus und eines der letzten Erzbergwerke Deutschlands.

Von den ehemals bis zu 800 m Tiefe reichenden 20 etagenartigen Sohlen sind heute noch vier Sohlen erschlossen. Der unterirdische Bereich der Strecken und Stolln und schachtartigen Verbindungen zwischen den Sohlen beeindruckt besonders, weil hier erkennbar wird, wie hart und schwer die Arbeit der Bergleute in den schmalen und engen Grubenbauen war. Mit Schlägel und Eisen wurden gerade etwa 15 cm Vortrieb pro Hauer und Woche erreicht. In größeren Abständen findet man heute noch eingemeißelte Jahreszahlen, die die jeweils erreichte Ortsbrust lokalisierte. Hohe Staubbelastung, schlechte Bewetterung und mangelnde Helligkeit erschwerten die Arbeit.

Alle Grubenbaue unterhalb des tiefsten Stollns in 230 m Tiefe sind heute mit 20° warmen Grundwasser gefüllt. Dieser insgesamt über 50 km lange »Rothschönberger Stolln« (siehe auch Seite 86) führt das Wasser über die Triebisch in die Elbe nach Meißen. Das Thema »Energieumsetzung im historischen Bergbau«, insbesondere die Nutzung der Wasserenergie erzgebirgischer Flußläufe, bietet viele interessante Sachzeugen. Während der untertägigen Wanderungen kann man sehr lebensnahe die bergmännische Arbeitswelt von einst und heute kennenlernen.

GESCHICHTE UND SAGE

Die drei Kreuze bei Freiberg

In einem Krieg um 1296/97 gelang den Belagerern der Bergstadt die Gefangennahme eines jungen Burschen, der unbemerkt die Stadt verlassen hatte. Den Tod vor Augen, zeigte er den Belagerern einen geheimen Weg in die Stadt. Durch eine Breche in der Stadtmauer, durch das ein Bächlein floß, drangen die Feinde zur Nachtzeit in die Stadt ein, öffneten die Stadttore und eroberten die Stadtviertel.

Plündernd zogen sie durch die Straßen. Raub und Mord waren die Folgen des Verrats. Da erschien der Bürgermeister mit seinen Stadträten vor König Adolf von Nassau und bat um Gnade. Gegen eine Brandschatzung von 3500 Mark feinen Silbers gewährte der König einige Tage Frist, behielt aber drei Ratsherren als Geiseln im Lager Mönchenfrei.

Ob diese nun heimlich zur Flucht aufgefordert worden waren oder selbst den Fluchtplan in die Tat umsetzten, um ihrer Stadt das Lösegeld zu ersparen, ist ungewiß. Den drei Ratsherren gelang die Flucht aus dem schwer bewachten Lager, doch unweit der Stadt wurden sie von Hunden gestellt, wieder eingefangen und im Morgengrauen enthauptet. Die Köpfe steckte man auf Stangen und stellte diese vor der Stadtmauer auf. Zum Gedenken soll die Stadt Freiberg später an der Stelle der Hinrichtung die drei Kreuze errichtet haben.

In den früheren Jahrhunderten wurden alle unterirdischen Arbeits- und Transporträume mittels Werkzeugen wie Schlägel und Eisen, Keilen oder Keilhauen in den Erzgängen oder im angrenzenden Gestein Gneis hergestellt. Oftmals waren diese Grubenbaue nur schulterbreit und nicht einmal mannshoch wie hier im Querschlag des Erzganges »Auferstehung Christi Spat« aus der Zeit um 1700 in der Freiberger »Himmelfahrt Fundgrube«.

Schacht »Reiche Zeche« bei Nacht

Das Drusenkabinett auf Schacht »Reiche Zeche«

Eine faszinierende Welt der Minerale erwartet den Besucher im Drusenkabinett der Saxonia Freiberg Stiftung auf Schacht Reiche Zeche. Die Ausstellung zeigt die Mineralien nicht nach wissenschaftlichen Gesichtspunkten wie in der Mineralogischen Sammlung des »A. G. Werner-Baus« (siehe auch Seite 50) geordnet, sondern stellt prächtige Stücke aus, die beim Buntmetall-Abbau in den letzten Jahrzehnten in Gruben des Freiberger Reviers gebrochen wurden. Drusen sind mit freien Kristallen bewachsene Hohlräume.

Die Alte Elisabeth

Der Übertage-Besuch auf »Alte Elisabeth« ergänzt diese Eindrücke in bester Weise. Hier findet man viele Unikate aus der Geschichte der Bergbautechnik. Auf der Scheidebank erfolgte das Vorsortieren der Erze vor ihrer Aufbereitung und Verhüttung. Im Maschinenhaus steht die einzige noch erhaltene Dampffördermaschine des sächsischen Erzbergbaus: 1849 wurde diese Balancier-Dampfmaschine von 12 PS zur Förderung und Wasserhaltung eingebaut. Sie war nicht nur bis zur Einstellung des Betriebes im Jahre 1913 voll funktionsfähig – sie ist es auch heute noch! Die Chemnitzer Firma Pfaff hat sie in damals üblicher sächsischer Qualität gebaut. Die hier ebenfalls zu sehende Wassersäulenmaschine von C.F. Brendel

Schacht »Alte Elisabeth«

war im 8. Lichtloch des Rothschönberger Stollns in Betrieb, und ein technisches Denkmal der Hüttenindustrie ist mit 33 t Masse und 7,5 m Höhe das Schwarzenberggebläse, stationiert von 1831 bis 1925 in der »Königlichen Antonshütte«.

Die Betstube liegt im ursprünglichen Huthaus, wo sich die Bergleute zum Gebet vor der Einfahrt versammelten und die Steiger ihre Gerätschaften aufbewahrten. Auf einem Orgelpositiv wird auch in unseren Tagen in der Weihnachtszeit zu Mettenschichten gespielt.

Die großen, hoch über der Stadt gelegenen Halden der beiden Schächte bieten den besten Rundblick über Freiberg und seine Umgebung. Richtungsweiser helfen dem interessierten Betrachter die Sehenswürdigkeiten zu entdecken.

Hier im Freiberger Revier kann man Bergbau so echt wie selten woanders erleben. Die »Himmelfahrt-Fundgrube«, die vielen Sachzeugen im etwa 30 mal 40 km großen Silberbergbaurevier, die Bergstadt selbst mit ihren vielen Sehenswürdigkeiten zu »Bergbau und Kultur« und nicht zuletzt die Vorzüge der TU Bergakademie machen Freiberg als älteste Bergstadt Sachsens zum i-Punkt für eine Reise entlang der »Silberstraße«, die von Zwickau über das Erzgebirge bis Dresden führt.

Das historische Kavernenkraftwerk
Zwischen dem Gasthaus »Zum letzten 3er« und Brand-Erbisdorf liegen der Konstantin- und der Dreibrüderschacht. In ihren unterirdischen Anlagen gibt es ein Kavernenkraftwerk, das von 1913 bis 1945 und von 1953 bis 1970 in Betrieb war. Ein Förderverein bewahrt diese in unserem Raum einmalige Tradition und bemüht sich die Stromerzeugung wieder aufzunehmen. Für den Antrieb der Turbinen dient Aufschlagswasser aus dem von Freiberger Bergleuten vom 16. bis 19. Jahrhundert geschaffenen Wasserfließ- und Speichersystem im Osterzgebirge.

GESCHICHTE UND SAGE

Der Berggeist am Donat
Es hat einmal am Donat, einer Grube zwischen Reiche Zeche und Alte Elisabeth gelegen, ein armer Bergmann namens Hans gearbeitet, der so arm war, daß er in der Grube unter Tränen über seine Dürftigkeit weinte. Eines Tages teilte sich plötzlich der Felsen vor ihm und aus dem steinernen Tor trat der Berggeist und sprach: »Hans, ich will dir helfen, aber du mußt mir in jeder Schicht dafür ein Pfenniglicht und ein Pfennigbrot geben und keinem Menschen etwas davon sagen«. Hans erschrak zwar, doch da der Berggeist guter Laune war, versprach er alles. Der Berggeist ließ ihm viel Silbererz zurück. Von nun an hatte Hans Geld im Überfluß, gab auch viel aus, aber hütete sich wohl, die Quelle zu verraten. Da kam der Tag des Stollnbieres, an welchem die Bergleute gewöhnlich etwas über den Durst zu trinken pflegten. Dies tat leider auch Hans. Bald war er betrunken, vergaß sein

Versprechen und erzählte den Knappen, was ihm begegnet war. Am anderen Tag, nüchtern geworden, erinnerte er sich an sein Geschwätz. Doch er konnte das Gesagte nicht wieder zurücknehmen. Mit Zittern und Zagen fuhr er ein. Seine Aufgabe war, den Knechten am Haspel ein Zeichen zu geben. Dieses Zeichen ließ lange auf sich warten. Als es am Seil zuckte, drehten die Knappen den Rundbaum und förderten einen Kübel zu Tage. Statt des Erzes lag in ihm der tote Bergmann Hans, rings um ihn brannten die Pfenniglichter und dabei war das letzte Pfennigbrot. Auf dieser Strecke förderte man keinen Eimer Silbererz mehr, nur noch taubes Gestein.

Kavernenkraftwerk – Dreibrüderschacht

Schauschmieden im Freibergsdorfer Hammer

Über die Anton-Günther-Straße, die Brunnenstraße und den Hammerweg ist der alte Freibergsdorfer Hammer zu erreichen. Als einziges von einst acht um Freiberg befindlichen Hammerwerken, u.a. in Obergruna, Hilbersdorf, Halsbrücke und Langenau, ist es wieder funktionsfähig. Erstmals wurde es 1607 erwähnt, als dem damaligen Besitzer Ernst Schönlebe das für seinen Hammer benötigte Wasser zugesprochen wurde. In späteren Jahrzehnten gehörte das Hammerwerk zum Rittergut Freibergsdorf, zu verschiedenen Hammerschmieden und auch zum Hospital St. Johannis. 1974 wurde es stillgelegt. Fünf Jahre später begann unter E. Löffler, dem Enkel des letzten Pächters, eine arbeitsintensive Rekonstruktionsphase. Mit der originalgetreuen Ausbesserung und Nachbildung des Dachstuhls, der Wasserräder, des Hammergerüstes, der Wasserkästen und der Besorgung der Hammerbären vergingen zehn Jahre.

Heute ist der Freibergsdorfer Hammer eine Schauanlage, die zugleich Sachzeuge für Maschinen- und Werkzeugproduktion des Freiberger Montanwesens ist.

Das oberschlächtige Wasserrad von 4 m Durchmesser und 1,12 m Breite wird vom Hammerteich aus mit Aufschlagwasser betrieben. Eine 9 m lange Eichenholzwelle überträgt die Kraft auf die drei Schmiedehämmer, die in Gewicht von zwei bis sieben Zentner haben. Ein zweites, nur 0,50 m breites Wasserrad treibt ebenfalls oberschlächtig die beiden Holzkastengebläse an.

Herders Ruh

Außerhalb der Berghauptstadt, benachbart zur »Reichen Zeche«, liegt die Halde der ehemaligen Grube »Heilige drei Könige«. In dieser alten Bergbaulandschaft wurde dem Oberberghauptmann von Herder (siehe auch Seite 65), der sich selbst »der Knappen treuester Freund« nannte, die letzte Ruhestätte bereitet. Am 1. Februar 1838 erfolgte bei Grubenlicht und Fackelschein seine Beisetzung, und eine Bergparade von 747 Mann gab ihm das letzte Geleit. Der Entwurf der Ruhestätte stammt von Professor E. Heuchler.

Freibergsdorfer Hammer

AUSFLÜGE ZU TECHNISCHEN DENKMALEN

Von den Gruben in Etzdorf bis zu den Pingen in Seiffen, vom bergbauträchtigen Siegfried am Hang des Großen Striegistales in Bräunsdorf bis zum Floßgraben von der Flöha zur Freiberger Mulde bei Clausnitz – das Freiberger Land wurde in acht Jahrhunderten von Bergbau und Hüttenwesen geprägt. So erinnern auch in Obergruna, Kleinvoigtsberg, Großvoigtsberg, Großschirma, Rothenfurth, St. Michaelis und in anderen Orten erhalten gebliebene ehemalige Bergschmieden oder Schachthäuser, Erzwäschen oder Huthäuser an die schwere Arbeit unserer Vorfahren.

Zur Ruine des ersten Kahnhebewerkes der Welt
Zwischen Halsbrücke und Rothenfurth liegt im Tal der Freiberger Mulde die Ruine des ersten Kahnhebehauses der Welt. Kunstmeister Johann Friedrich Mende (1743-1798) hatte 1788/89 von der Grube »Churprinz« in Großschirma einen Kanal nach Halsbrücke ausbauen lassen, um Erze auf dem Wasserwege in die Hütte zu befördern. Die Kähne waren 8,50 m lang, konnten mit zwei bis drei Tonnen Erz beladen werden und wurden von je drei Mann flußaufwärts getreidelt. Um jedoch den Höhenunterschied zu überwinden, war ein Hebewerk erforderlich, dessen fünffacher Flaschenzug die Kähne aus dem Wasserbecken um 7,50 m höher hob. Mit einer Laufkatze rollte man den Kahn über den Oberkanal, der zur Hütte führte, und senkte ihn nun ab. Über acht Jahrzehnte war dieser Kanal in Betrieb. 1988 wurde die Ruine des Hebehauses restauriert.

Die Grabentour und der Rothschönberger Stolln
Abseits des Verkehrsgebietes Freiberg – Nossen verläuft im Bobritzschtal die »Grabentour«, ein reizvoller Wanderweg von Krummenhennersdorf nach Reinsberg. Der Wassergraben entstand in Zusammenhang mit dem Bau des Rothschönberger Stollns. Zum Antrieb der Bergmaschinen während des Baus des Stollns war Aufschlagwasser erforderlich, das aus der Bobritzsch bei der Krummenhennersdorfer Mühle abgezweigt wurde. Der Graben versorgte das 4. und 5. Lichtloch und wurde zwischen 1844 und 1846 angelegt. Er hat eine Länge von 3556 m, davon sind 1651 m offener Graben und 1905 m unterirdische Rösche. Im Bereich der Grabentour befindet sich das verfüllte 5. Lichtloch. Das 4. Lichtloch befindet sich in Oberreinsberg als 84 m tiefer Schacht, bis zu dem der Bobritzschgraben führt.

Der Rothschönberger Stolln entstand als Hauptstolln zur Wasserabführung aus dem Freiberger Revier von 1844 bis 1877. Er beginnt am Hauptstollnmundloch an der Triebisch bei Rothschönberg. Südlich des Erzganges »Halsbrücker Spat«

endet der fiskalische Teil nach 13,9 km; die von den Bergbau-Unternehmen weitergetriebenen Trakte setzen ihn fort von Halsbrücke aus über Freiberg, Zug, Brand-Erbisdorf bis Langenau. Er erreicht mit allen Abzweigungen eine Gesamtlänge von 51 km und gehört zu den umfangreichsten Stollnsystemen der alten Silberbergbaureviere. Der Rothschönberger Stolln ist auch heute noch zu Kontrollzwecken mittels Kahn zu befahren. Dieses (mit 11,3 Millionen Mark erbaute) Entwässerungssystem legt ein beredtes Zeugnis ab von der bergmännischen Kunst Freiberger Markscheider und Bergleute. Erstmals wurde hier der Theodolit im Bergbau eingesetzt.

Radstube Oberschöna
In Oberschöna wurde die Radstube der Grube »Unverhoffter Segen Gottes« restauriert. 1728 erstmals erwähnt und 1790/92 mit neuem Kunstgezeug ausgestattet, beträgt ihre Länge 12,5 m. Das Rad selbst hatte einen Durchmesser von 11,3 m und war 0,5 m breit. Das Wasser wurde mittels eines Kunstgrabens von 5 km Länge zugeführt. Als technisches Denkmal erinnert diese Radstube an die Leistungen der Bergleute vor zwei Jahrhunderten.

Das Zylindergebläse in Muldenhütten
Als einzigartiges technisches Denkmal von europäischen Rang steht das dreizylindrige Balanciergebläse in der Hütte Muldenhütten noch am Originalstandort. 1828 im Eisenwerk Lauchhammer produziert und hier in der Schmelzhütte in Betrieb genommen, sorgte es bis 1954 für die notwendige Gebläseluft bei den Schmelz- und Schmiedeprozessen. Die Fachgruppe Hüttengeschichte betreut dieses rekonstruierte Sachzeugnis des sächsischen Maschinenbaus und Hüttenwesens.

EINIGE BERGMANNSTRADITIONEN

Porzellanglockenspiel »Glückauf der Steiger kommt«
Mittags 11.15 Uhr und nachmittags 16.15 Uhr spielt das Meißner Porzellanglockenspiel im Freiberger Rathausturm das Steigerlied »Glück auf«. Die älteste Fassung dieses Liedes, von Pfarrer Christian Lehmann (1611-1688) im Jahre 1681 festgehalten, hat sich von »Frisch auf, der Steiger kömmt« über »Wach auf: Der Steiger kommt« zum heutigen »Glück auf, der Steiger kommt« erhalten. Heute ist es das Freiberger Heimatlied geworden, und zu den traditionellen Versen fügen Studenten weitere Strophen zum mitternächtlichen »Schichtwechsel« bei ihren Veranstaltungen hinzu.

»Glück auf« als Bergmannsgruß, in Freiberg 1674 erstmals vom Gregoriusfest überliefert, aber sicher schon Jahrzehnte früher gerufen, bringt den Wunsch des Bergmanns zum Ausdruck, das Glück solle ihm seine Erzgänge auftun, damit der Schürfende fündig werde. Der Gruß war die Bitte um weitere erfolgreiche Ausbeute und ist in allen deutschsprachigen Bergbaugebieten heimisch geworden.

Das Bergmusikkorps »Saxonia e. V.« marschiert

Bergparaden

In der Altstadt Freibergs fanden viele Freiberger Bergparaden statt und ihren festlichen Abschluß auf dem Obermarkt. Sie erfreuten sich bei den Berg- und Hüttenleuten großer Beliebtheit und haben eine lange Tradition im sächsischen Bergbau. Einer der ersten Bergaufzüge fand 1557 anläßlich des Besuches von Kurfürst August und Kurfürstin Anna in Freiberg statt. 1719 veranstaltete August der Starke zur Hochzeit seines Sohnes gar einen Bergaufzug im Plauenschen Grund bei Dresden, um seinen ausländischen Gästen die Quelle seines Reichtums zu demonstrieren. Unter Leitung des Oberberghauptmanns von Vitzthum (Amtszeit 1714-1730) huldigten dabei Freiberger Berg- und Hüttenleute ihrem Fürsten und dem Brautpaar. Als Höhepunkt wurde im Festzug ein Schmelzofen in Funktion mitgeführt und vor der Tribüne der Abstich vollzogen.

Zur Huldigung an Kurfürst Friedrich August II. von Sachsen und König August III. von Polen (1696-1763, König ab 1733) wurde eine Medaille mit der Inschrift geprägt »Freyberg die alte und getreue verspricht die alte Treue aufs neue«. Andere Anlässe zu Paraden ergaben sich bei der Ernennung und Beförderung oder als Trauergeleit für verstorbene Bergbeamte. Üblich war auch das Paradieren vor hohen Gästen und zur jährlichen »Streitparade« am 22. Juli, dem Tage Maria Magdalena.

Die Teilnahme an den Bergparaden gehörte zu den Privilegien der Berg- und Hüttenleute. Auch wenn es über die Jahrhunderte hindurch immer wieder verschiedene Uniformen und geänderte Reihenfolgen in der Marschordnung gegeben hat, so demonstrieren die Häuer, Schmiede, Bergmaurer, Amalgamierer, Schmelzer und Hüttenarbeiter hinter Musik und Fahnen, angeführt vom berittenen Oberberghauptmann, doch stets die besondere Bedeutung ihrer Berufe vor allen anderen. Oberberghauptmann von Herder legte großen Wert auf die Entwicklung weiterer Traditionen und gründete ein Bergmusikkorps und einen Bergmusikantenverein. Auf von Herder geht auch die Einbeziehung der Russischen Hörner in die Paraden zurück. Seit der 800-Jahrfeier im Jahre 1986 hat die Parade der »Historischen Freiberger Berg- und Hüttenknappschaft« wieder einen festen Platz im kulturellen Leben der Stadt. Mit den Bergbrüderschaften des oberen Erzgebirges wird beste bergmännische Tradition bewahrt.

Zylindergebläse in Muldenhütten

Das Singspiel »Der Bergmannsgruß«

Als Dichtung entstand 1831 auf der Grube Churprinz zu Großschirma das Melodram »Bergmannsgruß«. Den Text schrieb Moritz Wilhelm Döring, der auf Wunsch seines Freundes Oberberghauptmann von Herder »Sächsische Bergreihen« sammelte. Die Vertonung für Soli, Chor und Orchester nahm A. F. Anacker vor, Direktor der Singakademie, Lehrer und Kantor. Die Erstaufführung fand 1831 statt, 1833 erfolgte eine Aufführung vor dem König. Nach einer Aufführung 1957 dauerte es bis zum 11. Bergstadtfest 1996, bis die Eröffnung »Das Glöckchen klingt, der Morgen graut, da wirds im Bergmannsstübchen laut... « mit Beifall aufgenommen wurde. Der »Bergmannsgruß« wurde zuweilen als »Dichtung über den braven, gott- und obrigkeitsergebenen« Bergmann bezeichnet. Gewiß, Döring stellte das Bergmannsleben sehr romantisiert dar. Wir meinen, daß dieses Singspiel ganz einfach als Bestandteil der Freiberger Bergkultur jener Zeit zu werten ist und nicht in Vergessenheit geraten darf.

Forschungs- und Produktionsstätte der Wacker Siltronic AG, Werk Freiberg

VOM SILBER ZUM SILIZIUM

1960 begann im VEB Spurenmetalle Freiberg die Herstellung von Reinstsilizium für Halbleiter. Auf einem neuen Industriestandort, an der Berthelsdorfer Straße und Am Junger Löwe Schacht, hat ein moderner Industriezweig das Silber abgelöst. Nach 1990 stellte sich die Firma »Freiberger Elektronikwerkstoffe« der Marktwirtschaft.

Heute arbeiten in drei Betrieben gut ausgebildete Arbeitskräfte in folgenden Bereichen:

- Wacker Siltronic AG Burghausen zieht Silizium Reinstkristalle bis zu 200 mm Durchmesser und plant 2004 300 mm Siliciumscheiben in Burghausen, Taiwan und Freiberg. Der Betrieb ist weltweit der drittgrößte Anbieter von Reinstsiliziumeinkristallen für die Halbleiterindustrie.
- Freiberger Compound Materials GmbH (FCM) stellt Galliumarsenid-Scheiben für die Mikro- und Optoelektronik her. Beteiligt sind an diesem Unternehmen die israelische Federmanngruppe und die Siemens AG. Zur Grundsteinlegung war Firmenchef Yekutiel Federmann anwesend. Gallium Arsenid-Baulelemente werden vorrangig in der Telekommunikation, der Computer- und Bürotechnik eingesetzt.
- Bayer Solar GmbH, ein Tochterunternehmen der Bayer AG, Leverkusen, produziert Siliziumscheiben für die Photovoltaik (also Umwandlung von Licht in Strom).

Damit erweist sich Freiberg erneut als bedeutender Industrie-Standort. Für das persönliche Engagement bei der Privatisierung dieser drei Firmen wurden Dr. Werner Freiesleben und Y. Federmann zu Ehrenbürgern der Stadt Freiberg ernannt.

KURZE INTERESSANTE STATISTIK

Geografische Lage des Meßpunktes auf der Höhe des Forstweges (volksmundlich »Tintenfässel«): 51,1° 54' 11,5" nördl. Breite; 13° 19' 30,4" östliche Länge; Höhe: 463,588 m NN.

Höhenlage von Loßnitz (Nordteil von Freiberg) 360 m;
Höhenlage des Obermarktes: 400 m.

Zur Geologie:
Freiberg gehört geologisch zur so genannten Freiberger Gneiskuppel, die im zentralen Teil aus ziemlich monotonen Biotitgneisen der Freiberger Folge besteht. Nach außen schließen sich Zweiglimmergneise der Brander Folge an, in deren unterem Teil der Quarzit von Oberschöna, im oberen Teil der Glimmerschiefer von Brand eingelagert ist. An der NW-Flanke der Freiberger Kuppel ist im Bereich Halsbrücke – Großschirma der so genannte Felsithorizont mit einer Schwermetallvererzung ausgebildet, der einen lagerförmigen Lagerstättentyp repräsentiert. Wesentlich bekannter als Erzlagerstätte sind jedoch die zahlreichen Erzgänge des Freiberg-Brander Revieres mit den dominierenden Erzmineralien Bleiglanz und Zinkblende sowie verschiedenen Silbererzen. Zahlreiche Erzgänge wurden seit dem 12. Jahrhundert bis Mitte des vorigen Jahrhunderts bis in in Tiefen von 800 Metern abgebaut.

Freiberg gehört zum Osterzgebirge und liegt geologisch am Rande des Erzgebirges, das hinter Großvoigtsberg mit dem Übergang des Frankenberger Zwischengebirges zum Nossen-Wilsdruffer Schiefergebirge endet.
In Augustusberg -zwischen Siebenlehn und Nossen- müßte auch ein Stein aus Lausitzer Granit mit der Inschrift »Südgrenze des Skandinavischen Inlandeises im Quartär« stehen (1975 wurden 13 dieser Steine in Sachsen und Thüringen errichtet).
Freiberg liegt nahe am geografischen Mittelpunkt Sachsens (50° 55' 46,1" n.Br. und 13° 27' 30"ö.L.). Er wird im Tharandter Wald zwischen Naundorf und Colmnitz vor dem Porphyrfelsen im Colmnitztal mit einer Steinsäule markiert. Benachbart zur Säule liegt die »Diebeskammer«, das Versteck des legendären Räubers Lips Tullian (1673-1715).

Einwohnerzahl Freibergs (31.12.2002): 43 433,
davon Stadtteil Zug 1 746, Kleinwaltersdorf 836.
904 Einwohner leben im Durchschnitt auf einem km^2

Klima:	Jahresmitteltemperatur	+7,6 °C
	kältester Monat: Januar	-1,2 °C
	wärmster Monat: Juli	+16,6 °C

Jahresmittel Niederschlag 776 mm

Verkehrslage:
20 km zur Autobahn A4 Eisenach - Dresden - Görlitz
A40 Dresden - Leipzig

Bundesstraßen B 101 Meißen - Freiberg - Annaberg
B 173 Hof - Chemnitz - Freiberg - Dresden

Bahnstrecke Hof - Plauen - Dresden

Eingangstor zum Grünen Friedhof

DIE GESCHICHTE FREIBERGS IN STICHWORTEN

1156	Regierungsantritt von Markgraf Otto von Wettin.
1156/62	Anlage von Dörfern zwischen der Freiberger Mulde und der Großen Striegis.
1162	Stiftung des Zisterzienserklosters Cella Sanctae Mariae. Kaiser Friedrich I. Barbarossa bestätigt die Ausstattung mit 800 Hufen Land an das Kloster zwischen Großer Striegis und Freiberger Mulde.
1168	Silbererzfunde auf Christiansdorfer Flur. Kaiser Friedrich I. Barbarossa verleiht Otto das Bergregal. Rücktausch von 118 Hufen silbererzführenden Fluren.
um 1170/71	Gewährung von Bergbaufreiheit. Durch Ansiedlung von Bergleuten aus dem Harz entsteht am »freien Berg« die »Sächsstadt«.
um 1175	Errichtung einer Burg zum Schutz der Siedlung.
um 1175	Bau der Nikolaikirche im Viertel der Handwerker und Kaufleute.
um 1180/85	Bau der (romanisch) markgräflichen Marienkirche am Untermarkt, einer Basilika als Pfarrkirche des Burglehns um 1225 Aufstellung der Triumphkreuzgruppe. um 1230 Bau des Westportals der Basilika, der »Goldenen Pforte«, »eines der frühesten und reichsten Figurengewändeportale« (nach Dehio) in Mitteleuropa.
um 1185	Errichtung der Oberstadt mit der Kirche St. Petri.
1218	Erste urkundliche Erwähnung des Ortsnamens.
nach 1225	Kulturelle Blütezeit. Freiberg verfügt über fünf Pfarrkirchen (St. Jakobi, St. Marien, St. Nikolai, St. Petri und St. Donat), drei Klöster (der Dominikaner, Franziskaner und eines Frauenklosters) und zwei Hospitäler. Als Lesemeister wirkt im Dominikanerkloster ein Dietrich von Freiberg, der in seinem Orden zu hohem Ansehen gelangt. Heinrich von Freiberg führt das Epos »Tristan und Isolde« zu Ende.
1233	Erstmalige Nennung des Freiberger Bergrechts (ius Freibergense).

1241 Nennung der Sächsstadt als »Civitas Saxonum«.

1244 Erstmalige Erwähnung der Münze in der Burg zu Freiberg.

1260 Die Nennung eines Scholaren läßt Existenz einer Schule vermuten.

1263 Markgraf Heinrich der Erlauchte verleiht der Stadt die Abhaltung eines Jahrmarktes.

1266 Verfügung des Markgrafen in einem Streit mit Dippoldiswalde, »daß auf den Gruben und in Schmelzhütten nur Freibergisch Bier gehandelt werden darf.«

1296/1305 Niederschrift des Freiberger Stadtrechtes.

1297/1307 Mit der Eroberung durch König Adolf von Nassau gerät Freiberg vorübergehend in königlichen Besitz.

1350 Nachlassen der Bergbauerträge (Pest, Erschöpfung der Oxidationszonen, Mangel an Holz).

1375 Großer Stadtbrand, ebenso 1396, 1471 und 1484.

1455 Hinrichtung des Ritters Kunz von Kauffungen auf dem Obermarkt.

1480 Papst Sixtus IV. erhebt die Marienkirche in den Rang eines Kollegiatstiftes, Beginn der Ausstattung des Doms mit prächtiger Inneneinrichtung (Tulpenkanzel, frühes evangelisches Abendmahlsmotiv im Altarbild, Fürstengruft für albertinische Wettiner und Begräbniskapelle, Moritzmonument).

1500 Aufschwung im Bergbau; Verwendung von Kehrrädern, Ehrenfriedersdorfer Kunstgezeug, Becherwerke, Pochwerke, neue Ofenformen im Hüttenwesen, Errichtung von Kunstgräben zur Wasserführung, erfolgreiches Wirken von Martin Planer, Simon Bogner u. a.; Rülein von Calw veröffentlicht das erste Bergbaubüchlein in deutscher Sprache.

1505/39 Freiberg ist Residenz unter Herzog Heinrich dem Frommen.
Begräbnis in Freiberg; Grablege seiner Nachfahren im Dom bis 1694.

1514/15 Gründung der ersten städtischen Lateinschule.

1537 Einführung der Reformation.

1542	Mit Reformen richtet Herzog Moritz eine oberste Bergbehörde ein, die zur Gründung des Oberbergamtes führt. Durchsetzung des Direktionsprinzipes.
1556	Verlegung der Münze nach Dresden.
1566/76	Unter Kurfürst August Erneuerung des Schlosses Freudenstein (Baumeister H. Irmisch).
1632	Kaiserliche Truppen erstürmen nach viertägiger Belagerung die Stadt.
1639 und 1642/43	Musketiere, Bergleute und Defensioner verteidigen Freiberg erfolgreich gegen die Belagerung durch schwedische Armeen unter den Heerführern Baner und Torstenson.
1653	Konrektor und Stadtarzt Möller veröffentlicht »Theatrum Freibergense Chronikum«.
1693	Gründung der Manufaktur für Leonische Waren durch Thomas Weber (Die Firma existiert noch heute unter Thiele und Steiner).
1702	Einrichtung einer Stipendienkasse beim Oberbergamt.
1706	Freiberger Berg- und Hüttenleute tragen unter Anleitung von E. W. von Tschirnhaus und Bergrat Pabst von Ohain mit J. Fr. Böttger zur Erfindung des sächsischen Porzellans bei.
1710	Gründung der Generalschmelzadministration.
1711/53	Der Orgelbauer Gottfried Silbermann richtet in der alten Regimentswache am Schloßplatz eine Orgelwerkstatt ein.
1733	Einrichtung eines Laboratoriums für praktische Chemie, Metallurgie und Bergbau durch J.F.Henckel.
1765	Gründung der Bergakademie und 1777 der Bergschule.
1784/1805	Umbau des Schlosses zu einem Militärmagazin.
1788/89	Kunstmeister Mende errichtet mit einem Schiffahrtskanal neben der Freiberger Mulde auch das erste Kahnhebewerk der Welt
1790	Eröffnung des Stadttheaters am Buttermarkt
1811	Professor Lampadius zündet die erste Gaslaterne auf dem europäischen Kontinent. 1816 erhellt er mit Leuchtgas das Amalgamierwerk in Halsbrücke.

1816	Abriß des Kreuztores, 1839 des Peterstores, 1846 des Erbischen Tores, 1877 des Meißner Tores.
1823	Gründung der Sparkasse Freiberg
1842	Erstmalige Einführung einer von Pferden gezogenen Huntebahn auf Schienen.
1844	Aufstellung der ersten Dampfmaschine im Freiberger Revier.
1844/77	Bau des Rothschönberger Stollns.
1847	Inbetriebnahme des Gaswerkes und der städtischen Gasbeleuchtung.
1849	Revolution in Dresden. Richard Wagner auf der Flucht. Rast bei Amtmann Heubner. Freiberg ist für einen Tag Sitz der Provisorischen Regierung.
1862	Eröffnung der Eisenbahnlinie nach Dresden, 1869 nach Chemnitz, 1873 nach Nossen.
1863	Die Professoren Reich und Richter entdecken das Element Indium. Errichtung einer Station der europäischen Gradmessung am Forstweg, auf der Höhe des Galgenberges.
1873	Wertverfall des Silbers durch Einführung der Goldwährung.
1886	Clemens Winkler entdeckt das Element Germanium.
1889	Gründung der deutschen Gerberschule. In Halsbrücke entsteht mit 140 m Höhe der höchste Ziegelbau Europas.
1913	Vorläufige Schließung der Silbererzgruben.
1914/15	Inbetriebnahme eines Kavernenkraftwerkes im Dreibrüderschacht, später in Verbindung mit dem Constantinschacht.
1923	Am 27. Oktober geht eine Einheit der Reichswehr gegen Demonstranten vor. 29 Bürger finden den Tod.
1936	Wiederaufnahme der Arbeit in den Gruben zur Stärkung der Rüstungsindustrie.
1944	Ein Luftangriff auf die Bahnhofsvorstadt fordert 172 Tote.

1945	Am 7. Mai übergibt Oberbürgermeister W. Hartenstein die Stadt kampflos der Roten Armee und verhindert damit die Zerstörung der Stadt.
1946	Wiedereröffnung des Lehrbetriebes an der Bergakademie.
1952	Beginn des Baues neuer Institute der Bergakademie.
1956	Baubeginn neuer Wohngebiete am Wasserberg und am Seilerberg, ab 1984 auch in Friedeburg.
1960	Beginn der Halbleiterproduktion in Freiberg
1961	Bildung des VEB Bergbau- und Hüttenkombinates »Albert Funk«.
1965	Elektrifizierung des Eisenbahnverkehrs nach Chemnitz, später auch nach Dresden.
1969	Einstellung des Erzbergbaus in den Revieren Freiberg und Brand-Erbisdorf.
1985	Weihe des Tempels der Kirche Jesu Christi der Heiligen der Letzten Tage.
1986	800-Jahr-Feier der Stadt. Gründung und erster Auftritt der »Historischen Freiberger Berg- und Hüttenparade«.
1991	Wiedereröffnung des Stadttheaters nach fünfjähriger Rekonstruktion.
1991/92	Rekonstruktion und Neubau von Wohn- und Geschäftshäusern und Hotels. Neubau von Kaufhallen.
1992	Die Bergakademie erhält den Status einer Technischen Universität. Feier des »Tages der Sachsen« in Freiberg.
2002	Eröffnung der rekonstruierten Nikolaikirche als Konzerthalle und des neuerbauten Johannisbades.

Stimmungsbild vom Weihnachtsmarkt

SACHWORTVERZEICHNIS

Fotonachweis:

Seiten 40, 50: Bartholomay
Seite 85: Böhme
Seiten 13, 35u, 82: FVA
Seiten 50, 55: FVA/Knopfe
Seiten 8, 21, 88: FVA/Ledig
Seite 58: FVA/Lohse
Seite 69: FVA/Rudolph
Titel, Seiten 6, 10, 11, 18, 22, 23, 26, 42o, 42m, 68, 75, 78: Galinsky
Seiten 19, 20, 32, 48, 60, 68, 71, 81, 90: Holschumacher
Seiten 4, 24, 31, 44, 49, 51, 52, 54, 70, 73: Knopfe
Seiten 12, 35o, 84: Lauterbach
Seiten 42u, 92, 98: Link
Seite 89: Kowar
Seite 80: Pforr
Seiten 25, 31, 36, 46, 47, 57: Unfug
Zeichnung Seite 53: Standke

Quellen:

Gress, F. H.: Die Orgeln Gottfried Silbermanns. Dresden 2000.

Hoffmann, Y.; Richter, U.: Denkmale in Sachsen. Stadt Freiberg. Band 1, Freiberg 2003.

Kasper, H. H., Wächtler, E. (Hg.): Geschichte der Bergstadt Freiberg. H. Böhlaus Nachfolger Weimar 1986.

Lauterbach, W. Berühmte Freiberger, Teil 1 bis 4. Mitteilungen des Freiberger Altertumsvereins, Heft 84 (2000), 85 (2000), 90 (2002) und 92 (2003).

Magirius, H.: Der Dom zu Freiberg. Koehler und Amelang Leipzig. 1985.

Wagenbreth, O., Wächtler, E. (Hg.): Der Freiberger Bergbau. Technische Denkmale und Geschichte. Leipzig 1986.